PROFIL D'UNE

RHINOCÉROS
IONESCO

PROFIL Collection dirigée
par Georges Décote
D'UNE ŒUVRE

RHINOCÉROS

IONESCO

Analyse critique

par *Étienne FROIS*

agrégé des lettres
professeur au lycée Janson-de-Sailly

 HATIER

ISBN 2-218-00444-5 — ISSN 0750-2516

Sommaire

Introduction

POURQUOI « RHINOCÉROS »?

« Une faute de langage n'est pas seulement une fausse note en soi : c'est un péché contre l'esprit ».

C'est à toutes les pièces de Ionesco que pourrait s'appliquer cette belle formule que Platon met dans la bouche de Socrate (*Phédon*, LXIV), mais elle nous paraît convenir tout particulièrement à *Rhinocéros*. Si en effet l'auteur de *La Cantatrice chauve* et de *La leçon* s'est moqué de ceux qui font un mauvais usage des mots, c'est dans *Rhinocéros* que cette critique atteint sa véritable dimension, et que nous voyons à quelles extrémités peuvent être conduits certains hommes, et peut-être l'humanité en général, si elle oublie, ou défie ce que parler veut dire.

- ● *La connaissance de Ionesco*

Rhinocéros est donc une œuvre importante, d'abord par la place qu'elle occupe dans la vie et la carrière de Ionesco. Ce n'est pas seulement une œuvre de la maturité - la dixième de son auteur - : elle représente un tournant, ou en tout cas un moment décisif dans l'évolution du dramaturge. C'est le moment où, parvenu à la gloire sans cesser pour autant d'être en butte aux attaques ou aux coups d'épingle de la critique, il s'interroge de plus en plus sur la fin et les moyens de son art. Si par exemple il reconnaît volontiers qu'il est venu au théâtre presque sans y penser, il réfléchit désormais aux problèmes dramatiques avec une telle acuité qu'elle l'amène avec une belle ardeur combative à descendre dans l'arène, à poursuivre les discussions, à multiplier dans la presse les articles, les interviews et les commentaires. Comme il est naturel, *Rhinocéros* sera le résultat ou le reflet de ces réflexions et de ces controverses : c'est une de ces œuvres qui nous invitent à la connaissance de son auteur.

• *La compréhension de notre époque*

Elle nous invite ensuite à la connaissance de notre époque. S'il est une œuvre profondément insérée dans notre temps, c'est bien celle-là. Elle est ce que furent *La Condition humaine*, *La Guerre de Troie n'aura pas lieu*, ou *La Peste*, pour ne citer que trois exemples. Bien que, comme les deux dernières, elle se présente sous le voile de l'allégorie, et que beaucoup de ses allusions soient polyvalentes, nous pensons que le lecteur, même le jeune lecteur, ne s'y trompera pas. Nous l'aiderons, du reste, s'il en était besoin, à reconnaître et à préciser ses ennemis, ceux qui le furent naguère, et qui demeurent aujourd'hui encore les ennemis de l'homme.

• *La prise de conscience du lecteur*

C'est donc d'une mise en garde qu'il s'agit. Le lecteur - ou mieux encore le spectateur - de *Rhinocéros* est amené à prendre conscience de certaines questions fondamentales, et à se demander comment, placé par hypothèse dans les conditions mêmes de la pièce, il arriverait personnellement à les résoudre : c'est ainsi qu'il se trouve confronté avec diverses conduites, et sollicité de choisir.

• *La réussite technique*

Mais Ionesco entend écrire une pièce de théâtre, non un traité de morale. Soucieux par-dessus tout d'éviter le reproche de « didactisme », il a mis au point dans *Rhinocéros* une technique qui lui permet d'accréditer sa fiction, et d'en donner une traduction concrète - à la fois visuelle et auditive - à la fois comique et tragique.

Après avoir présenté Ionesco et sa pièce, nous analyserons donc la signification de l'ouvrage, ses personnages et ses thèmes pour examiner en terminant sa forme et les diverses mises en scène auxquelles elle a donné lieu.

TABLEAU SYNOPTIQUE

	Vie et œuvre d'Eugène Ionesco	Le mouvement littéraire et artistique	Événements politiques
1912	26 nov. : naissance à Stalina (Roumanie)		
1913	Arrivée en France Il y reste jusqu'à 13 ans	Proust : *Du côté de chez Swann* Apollinaire : *Alcools*	
1914-1918			1re guerre mondiale
1925	Retour en Roumanie	Gide : *Les Faux-monnayeurs*	
1929	Entrée à l'Université de Bucarest	Cocteau : *Les Enfants terribles*	Crise financière à New York
1931	Premiers écrits	Saint-Exupéry : *Vol de nuit* Anouilh : *L'Hermine*	
1934	Publication d'un essai intitulé *Nu* (non)		En Autriche : assassinat du chancelier Dollfuss
1936	Mariage avec Rodica Burileano		Guerre civile espagnole
1937	Professeur de lycée à Bucarest	A. Malraux : *L'Espoir*	
1938	Boursier du Gouvernement roumain pour préparer une thèse à Paris	Sartre : *La Nausée* Camus : *Noces*	Conférence de Munich
1940	Ionesco se fixe en France		Invasion de la France

	Vie et œuvre d'Eugène Ionesco	Le mouvement littéraire et artistique	Événements politiques
1944	Naissance de sa fille Marie-France	Sartre : *Huis clos*	Libération de la France
1950	1re représentation de *La Cantatrice chauve*		Guerre de Corée
1951	1re représentation de *La Leçon*	Mort de Gide, Jouvet Sartre : *Le Diable et le Bon Dieu*	
1952	1re représentation des *Chaises*	Mort de Baty F. Mauriac Prix Nobel	Eisenhower président des U.S.A.
1953	1re représentation de *Victimes du devoir*	Beckett : *En attendant Godot*	Mort de Staline
1954	1re représentation de *Amédée ou comment s'en débarrasser*	S. de Beauvoir : *Les Mandarins*	Guerre d'Algérie
1955	1re représentation de *Jacques ou la soumission* Publication de *La photo du Colonel,* récits (Gallimard)	Mort de Claudel	1re Conférence afro-asiatique de Bandoeng
1956	1re représentation de *L'Impromptu de l'Alma* et reprise des *Chaises*		Affaire de Suez
1957	1re représentation du *Nouveau Locataire* Publication de la nouvelle *Rhinocéros* dans *Les Lettres nouvelles* (septembre)	M. Butor : *La Modification*	
1958	Juin-juillet : polémique avec *l'Observer*		13 mai : fin de la IVe République
1959	1re représentation de *Tueur sans gages* Création de *Rhinocéros* à Düsseldorf Publication de *Rhinocéros* à la N.R.F.	J.-L. Barrault Directeur du Théâtre de France Création de *Tête d'Or* de Claudel	De Gaulle Président de la Ve République
1960	1re représentation à Paris de *Rhinocéros*	Mort de Camus	Kennedy Président des U.S.A.
1961	*La Colère,* sketch pour le film *Les 7 péchés capitaux*		

	Vie et œuvre d'Eugène Ionesco	Le mouvement littéraire et artistique	Événements politiques
1962	1re représentation de *Délire à deux* 1re représentation de *L'Avenir est dans les œufs* 1re représentation du *Roi se meurt* *Notes et contre-notes* (Gallimard)		Crise de Cuba Indépendance de l'Algérie
1963	Création du *Piéton de l'air* à Düsseldorf puis à Paris	Mort de Cocteau Beckett : *Oh ! les beaux jours !*	Assassinat de Kennedy
1965	Création de *La Soif et la Faim* à Düsseldorf		Crise du Vietnam
1966	1re représentation à Paris de *La Soif et la Faim* (Comédie-Française) *Délire à deux* et *La Lacune*	J. Genêt : *Les Paravents* (Théâtre de France)	
1967	*Journal en miettes* (Mercure de France)		
1968	*Présent passé, passé présent* (Mercure de France)		
1969	Pièces courtes inédites Ionesco grand prix du Théâtre		Départ de De Gaulle
1970	*Jeux de massacre* (Düsseldorf, puis Paris) Ionesco élu à l'Académie Française		
1972	*Macbett*		
1973	*Le Solitaire,* roman (Mercure de France) *Ce formidable bordel* *Le vase,* film		
1974	*Exercices de conversation et de diction française pour étudiants américains*		
1975	*L'Homme aux valises*		
1977	*Antidotes,* recueil d'articles politiques (Gallimard)		
1979	*Un Homme en question,* recueil d'articles politiques (Gallimard)		
1983	*Conte n°,* conte pour enfants (Gallimard)		

REMARQUES
SUR LA VIE ET L'ŒUVRE DE IONESCO

Summary of his life

Ce n'est qu'à l'âge de treize ans, en 1925, que le jeune Ionesco revint dans son pays. Du reste sa mère, Thérèse Icard, était d'origine française, et c'est à la française qu'il fut élevé. De retour en Roumanie, il apprend le roumain. Ses parents divorcent, et à l'âge de dix-sept ans il entre à l'Université de Bucarest pour y préparer une licence de français. Il étudie particulièrement la poésie symboliste, et commence à écrire ses premiers vers, des élégies. En 1936, il épouse une étudiante en philosophie, Rodica Burileano, enseigne le français dans un lycée de Bucarest, et obtient en 1938 une bourse du gouvernement roumain pour étudier la poésie contemporaine à Paris. Il commence à préparer une thèse sur « les thèmes du péché et de la mort dans la poésie française depuis Baudelaire ». Il est à remarquer que l'idée de la mort constitue chez lui une véritable hantise, et reviendra comme un leitmotiv ou un cauchemar dans la plupart de ses pièces. Mais pour l'instant il renonce à sa thèse : la guerre de 1939 n'est-elle pas sur le point d'éclater ? « J'ai peur que ce ne soit la fin de tout » note-t-il dans son journal. *Beginnings in theatre*

A partir de 1950, sa vie se confond avec ses œuvres et avec ses luttes. Ionesco, qui est aujourd'hui traduit et joué dans le monde entier, a mis longtemps à s'imposer. Pendant des années, ses pièces n'ont été représentées - devant un public restreint d'étudiants - que sur des petites scènes de la rive gauche. Ce n'est qu'en 1956 qu'il a tenté l'aventure de la rive droite, et qu'à la suite de *L'Impromptu de l'Alma* il a installé ses *Chaises* au studio des Champs-Élysées, qu'un article retentissant d'Anouilh dans *Le Figaro* invitait le public bourgeois à venir remplir (23 avril). *first major breakthrough with Rhino*

Quand en 1960, dix ans après ses débuts, J.-L. Barrault lui offrira le Théâtre de France pour y créer *Rhinocéros*, Ionesco franchit une nouvelle étape vers la célébrité, en attendant la consécration suprême, celle de la Comédie-Française, en 1966, lors de la création de *La Soif et la Faim*. *Rhinocéros* constitue donc une date importante dans la marche de Ionesco vers le succès. Comme nous allons le voir, cette pièce représente aussi un tournant dans son œuvre. Pour le bien comprendre, il est nécessaire de revenir en arrière, et

not only did this play get him noticed in the theatre world it also marked a turning point in his writing [first political play]

d'examiner rapidement les idées de Ionesco sur le théâtre. Elles ont été exprimées par l'auteur dans ses pièces, notamment dans *L'Impromptu de l'Alma,* sorte de «comédie – plaidoyer», et surtout dans les articles et interviews que Ionesco a réunis en 1962 dans l'ouvrage intitulé *Notes et contre-notes.* On pourra également s'en faire une idée dans ses journaux parus en 1967 (*Journal en miettes*) et en 1968 (*Présent passé, passé présent*).

IDÉES DE IONESCO SUR LE THÉÂTRE

Retenons les principales. Chose curieuse, il n'allait jamais au théâtre, où tout lui paraissait faux, spectacle et comédiens, et lui communiquait plus que de l'ennui : un véritable malaise. En revanche, il reconnaît lui-même avoir été envoûté par Guignol, celui du Jardin du Luxembourg. Ce n'est que lorsqu'il a écrit pour le théâtre «dans l'intention de le tourner en dérision» qu'il s'est mis à l'aimer.

Dès ses débuts, deux procédés lui ont paru essentiels, qui s'expliquent par le Guignol de son enfance, et visent à restituer au théâtre son aspect primitif et pour ainsi dire sa naïveté : l'un est l'outrance délibérée, l'autre l'importance accordée à la vue et à l'ouïe. Au théâtre, dit Ionesco, «tout est permis», il n'y a pas de règles, pourvu que par la caricature et l'appel aux sens le dramaturge frappe et inquiète le spectateur.

Mais attention! le théâtre ne peut être que théâtre, c'est-à-dire qu'il ne faut le confondre ni avec la morale, ni avec l'enseignement, ni avec la politique, ni avec la propagande. L'artiste n'est ni pédagogue, ni démagogue. Qu'on n'attende pas de lui de «message»! Dans tous ses articles et ses entretiens, Ionesco a insisté sur ce point avec une force particulière. Il s'en prend surtout à Brecht, et plus encore qu'au dramaturge allemand, à ses disciples fanatiques, et à tous ceux qui, écrivant un «théâtre de patronage», ne font que répéter «des vérités mortes», quelle que soit du reste l'idéologie qu'ils représentent. Ionesco n'avoue-t-il pas qu'il n'a jamais eu «l'âme d'un partisan», détestant la violence qui fait souhaiter la mort de l'adversaire, et essayant toujours d'abord de le comprendre et d'être de bonne foi! Ce qui compte, dit-il, ce ne sont pas les idées, mais la manière dont elles sont incarnées. Ce qui compte, ce n'est pas la réalité sociale, mais la condition humaine.

argument between Tynan and Ionesco
T stipulates I doesn't adhere to
reality - I says he does

C'est à ce sujet qu'eut lieu en juin-juillet 1958 la fameuse - et courtoise - polémique entre Ionesco et le grand critique anglais Kenneth Tynan dans *l'Observer* de Londres. Les principales lettres qu'ils échangèrent se trouvant reproduites - et traduites - dans *Notes et contre-notes,* qu'il nous suffise de rappeler ici qu'après avoir été un admirateur de l'œuvre de Ionesco, Kenneth Tynan lui reproche une conception toute négative, dans laquelle l'art serait séparé de la vie. Ionesco répond qu'au contraire, il essaye de donner de la vie et de la mort un témoignage personnel, et que l'art n'a pas à s'occuper du sort de l'homme. Éternelle controverse...

Elle a permis en tout cas à Ionesco de préciser quelques-unes de ses idées. En nous présentant un monde tantôt burlesque, tantôt désespérant, c'est contre tous les conformismes qu'il s'élève, contre tous les risques de déshumanisation et d'aliénation. Ce qu'il appelle « l'esprit petit-bourgeois », c'est justement celui qui répète sans la comprendre une leçon apprise. De là que ce théâtre est souvent si drôle, non seulement parce qu'il est insolite, mais parce qu'il illustre à la perfection la célèbre définition que Bergson donnait du comique : « Du mécanique plaqué sur du vivant ».

On peut enfin supposer que la « controverse londonienne » a eu une influence non négligeable sur le futur auteur de *Rhinocéros,* et c'est à ce titre qu'elle nous intéresse particulièrement, et nous invite à nous interroger sur son évolution.

He undertakes to use clichés - make
them dead

DE « LA CANTATRICE CHAUVE »
A « RHINOCÉROS »

Dès ses deux premières pièces, *La Cantatrice chauve* et *La Leçon,* les plus gratuites en apparence, et celles où il veut le plus s'amuser, Ionesco entreprend la critique du langage, en dénonçant la mécanique creuse des mots et les clichés quotidiens. Recourant à des termes vidés de leur substance et devenus automatiques, les personnages ne sont plus que des marionnettes, et leur dialogue ressemble à un dialogue de sourds ou de fous. Le professeur de *La Leçon* annonce déjà le logicien de *Rhinocéros* en enseignant à son élève des formules fausses et délirantes qui condamnent une culture vaine et intransmissible.

prof in La Leçon foresees the Logician
in Rhino - teaches his pupil a
culture which is vain and untransmitt

Dans une deuxième phase, déjà prisonniers de mots stéréotypés dont ils n'aperçoivent plus les contradictions, les hommes vont devenir prisonniers des objets qui finissent par les étouffer et paralysent le peu de conscience qui leur restait. Dans *Amédée ou comment s'en débarrasser* grandit entre le couple un cadavre effrayant, symbole de leur folie ou de leur amour défunt. *Les Chaises* s'accumulent vainement autour de deux vieux ratés qui se jouent mutuellement la *comédie du succès*, comme les meubles autour du *Nouveau Locataire*. Cette prolifération des objets préfigure la prolifération fantastique et encore plus aliénante des monstres de *Rhinocéros*.

Cette dernière pièce s'inscrit-elle donc dans la ligne de celles qui l'ont précédée? Ce serait oublier qu'elle ne peut être dissociée selon nous de *Tueur sans gages*, et que même elle constitue avec elle un groupe assez différent des précédents. Par leur ampleur d'abord. Toutes deux ont trois actes, et comportent de nombreux personnages. Parmi eux apparaît pour la première fois dans *Tueur sans gages* celui qui porte le nom de Bérenger, et que l'on retrouvera dans *Rhinocéros*, dans *Le Roi se meurt*, et dans *Le Piéton de l'air*. Si Bérenger devient monarque dans *Le Roi se meurt* et écrivain dans *Le Piéton de l'air*, il n'est qu'un modeste citoyen dans *Tueur sans gages* et dans *Rhinocéros*. Le champ de vision de Ionesco s'est en effet élargi : c'est cette fois de la vie d'une cité qu'il est question. Une cité qui pourrait être heureuse si elle n'était ensanglantée par un mystérieux criminel qui y sévit, et tue deux à trois personnes chaque jour. *Tueur sans gages* est une sorte de pièce policière, mais la police ne semble s'occuper ni des crimes ni de l'assassin. L'attitude des citoyens est tout aussi étrange : ils restent passifs, ne pensent qu'à leurs petits intérêts personnels et aux slogans de la politique. Pourtant, on connaît les méthodes du criminel, les circonstances et le lieu où il opère. C'est alors qu'entre en jeu le nommé Bérenger. Bérenger est un homme de bonne volonté. Aussi naïf dans ses enthousiasmes que dans ses indignations, à la fois consciencieux et pathétique, il décide d'agir. Il réunit les preuves qui permettent d'identifier et d'arrêter l'assassin. Mais son action - comme dans les cauchemars - est entravée par la sottise des hommes (son ami Édouard), l'indifférence des pouvoirs publics, les embarras mêmes de la circulation. Finalement il partira seul à la recherche du tueur, et le moment de leur rencontre la nuit dans une rue déserte à la Chirico constitue le sommet et la fin de la pièce. Bérenger veut essayer de comprendre les agissements du tueur, mais à toutes les questions et les hypothèses qu'il hasarde, l'autre ne répond que par un ricanement. Vaincu d'avance, parce qu'il sent que ses morales rassurantes et son idéalisme pèsent d'un poids bien léger, Bérenger exprimera dans ses derniers mots son impuissance et son désespoir : « Que peut-on faire ?... que peut-on faire ?... », tandis que l'assassin s'approche, tout doucement, de lui. Qui est le tueur ? Sans doute *le Mal* sous toutes ses formes, ce mal dont nous sommes tous complices. Peut-être aussi la Mort, la condition humaine. Peu importe après tout. Ce qui nous paraît essentiel, c'est l'élargissement des préoccupations de l'auteur. *Tueur sans gages* est chez lui, comme l'a dit Raymond Laubreaux, « l'indice d'une question inaccoutumée », et c'est de cette question qu'il nous faudra partir pour comprendre *Rhinocéros* et les avatars de Bérenger.

2 | Résumé de la pièce

PREMIER ACTE

Une petite ville de province, avec son décor traditionnel : une rue, une épicerie, une terrasse de café, plus loin une église. C'est dimanche, aux environs de midi.

Entrent en même temps deux personnages. Ils ont rendez-vous et s'installent au café. Ils offrent un contraste complet. Le premier, Jean, est un méridional rougeaud, autoritaire et même agressif. Le second, Bérenger, semble fatigué et apathique. Jean lui adresse une série de reproches : son retard (alors qu'ils sont arrivés ensemble), l'abus qu'il fait de la boisson, sa mise négligée, et plus généralement son manque de volonté. Bérenger répond mollement.

C'est alors que se fait entendre un bruit insolite. Un galop précipité, des barrissements : un rhinocéros vient de traverser la rue. Nous ne le voyons pas, mais plusieurs personnes ont suivi sa course et se rassemblent : la ménagère - qui de saisissement a laissé tomber son sac de provisions mais n'a pas lâché son chat -, l'épicier et l'épicière, le patron du café, la serveuse, et deux hommes, le vieux Monsieur et le logicien. Leurs réactions sont diverses, mais on a l'impression qu'ils sont plus interloqués qu'effrayés. Le plus frappé semble Jean, et c'est l'occasion d'une première querelle entre les deux amis, Bérenger attachant peu d'importance à l'apparition du monstre et se bornant à dire « *ça fait de la poussière* » et à accorder qu' « *un rhinocéros en liberté, ça n'est pas bien* ». D'ailleurs, il vient d'apercevoir la jeune Daisy dont il est amoureux, mais trop timide pour s'être déclaré, il ne se sent pas de taille à rivaliser avec son collègue de bureau, Dudard. Le portrait de Bérenger se complète : il ne se trouve pas à l'aise dans l'existence. Jean se moque de lui, lui fait de la morale, et prétend lui donner une leçon de volonté et des recettes pour se cultiver, cependant qu'à une table voisine le vieux Monsieur se fait expliquer par le logicien ce qu'est le syllogisme. Il y a là un contrepoint très amusant, qui vise à disqualifier également la fausse logique et la fausse culture.

Le rhinocéros semblait bien oublié, quand de nouveau se font entendre - en coulisse mais en sens inverse - les bruits caractéristiques de l'animal : galop précipité, souffle rauque, barrissements. Les personnages se mettent d'abord à parler de plus en plus fort pour dominer le tumulte, puis, comme précédemment, ils aperçoivent le rhinocéros fonçant droit devant lui. La serveuse laisse tomber son plateau, et la ménagère apparaît en larmes tenant cette fois dans ses bras un chat tué et ensanglanté. Mêmes commentaires étonnés ou apitoyés, mais une fois de plus à côté de la question. L'invraisemblance, le scandale même du phénomène ne sont pas perçus. La discussion futile qui suit porte sur trois points : Est-ce le même rhinocéros ? Avait-il une corne ou deux sur le nez ? Et selon le cas est-ce un rhinocéros d'Asie ou un rhinocéros d'Afrique ? Bérenger soutient contre Jean que c'est le rhinocéros d'Afrique qui a deux cornes (ce qui est vrai). Le ton monte, on s'emporte de part et d'autre. Jean ne se contient plus : « *Les deux cornes, c'est vous qui les avez* », et il ajoute, ce qui montre bien le mécanisme de la colère : « *espèce d'Asiatique* ». Finalement il s'en va furieux. Mais la discussion n'est pas terminée pour autant, et le logicien, sortant de sa réserve, ajoute à la confusion générale (« *il se peut que depuis tout à l'heure le rhinocéros ait perdu une de ses cornes* »), cependant que Bérenger médite solitaire et regrette de s'être querellé avec Jean.

DEUXIÈME ACTE

Cet acte se divise en deux tableaux.

• LE PREMIER TABLEAU se déroule dans le bureau de l'administration où travaille Bérenger. On voit les dernières marches d'un escalier, et le haut de la rampe.

Nous trouvons réunis Daisy, la jeune dactylo, Botard, instituteur retraité, Dudard qui fait fonction de sous-chef, et le chef de service, M. Papillon. Dossiers poussiéreux, porte-manteau où sont accrochés des blouses grises ou de vieux vestons : c'est le monde de Courteline. Il est 9 h. 3 min.

On commente la nouvelle annoncée par le journal à la rubrique des chats écrasés. Seul Botard ne veut pas y croire. Il se dit esprit scientifique et méthodique, ennemi des racontars. Pourtant Daisy a vu le monstre. Sur ces entrefaites, et comme le chef de service allait faire enlever la feuille de présence, entre Bérenger. Daisy lui fait rapidement signer la feuille, cependant que Botard continue à pérorer, mélangeant tout, et prétendant traquer l'ignorance et l'obscurantisme. On fait préciser à Bérenger qu'il a vu lui aussi le rhinocéros. Il le confirme, mais Botard laisse entendre qu'il le fait par galanterie envers Daisy et que du reste il boit. La discussion reprend sur le nombre de cornes et le nombre de rhinocéros, quand le chef de service ordonne à tous de se mettre au travail, et sort. Cela n'empêche pas Botard, une minute plus tard, de marmonner entre ses dents qu'il s'agit d'une mystification. M. Papillon entre alors, ayant constaté l'absence d'un des fonctionnaires, M. Bœuf, quand arrive, haletante et effarée, Mme Bœuf. Elle commence par excuser son mari, grippé, puis, d'une voix entrecoupée, elle annonce qu'elle a été poursuivie depuis sa maison jusqu'au bureau par un rhinocéros, qui se trouve en bas de l'escalier. En effet, des barrissements se font entendre, avec des coups sourds, et bientôt l'escalier s'effondre. Tous regardent en bas, et voient le rhinocéros, constatent qu'il a deux cornes, et la discussion menace de recommencer sur l'identité du pachyderme, Botard ne s'avouant pas vaincu, et dénonçant « *une machination infâme* », quand brusquement, Mme Bœuf reconnaît son mari dans le monstre qui l'appelle tendrement. Elle s'évanouit; on s'empresse. Pendant ce temps, Daisy, qui semble seule à garder le sens des réalités, songe aux moyens de sortir de cette situation. Elle va dans la pièce à côté téléphoner aux pompiers, mais Mme Bœuf, revenue à elle, a déjà sauté dans le vide. Elle a heureusement atterri à califourchon sur le dos de l'animal, et tous deux s'éloignent rapidement. Nous sommes en pleine fantasmagorie. Daisy a eu du mal à obtenir la communication, les pompiers signalant des rhinocéros un peu partout dans la ville. Dudard se moque de Botard, qui continue à accuser la société et les gens en place; il connaît « *les dessous des choses, les noms des traîtres* ». Enfin arrivent les pompiers qui les font tous descendre par une grande échelle appliquée contre la fenêtre.

Bérenger, qui est resté très calme, descend le dernier en se promettant d'aller voir dans l'après-midi son ami Jean pour se réconcilier avec lui.

• DEUXIÈME TABLEAU : la chambre de Jean. Il est couché dans son lit, il tousse, il a un pyjama vert, les cheveux ébouriffés, semble de mauvaise humeur. Entre Bérenger ; il s'excuse de s'être emporté la veille. Mais Jean ne se sent pas bien. Il ne répond presque que par des grognements à l'affectueuse sollicitude de son ami. Sa voix est changée. Il a mal à la tête, au front, il a une bosse. Il va se voir à plusieurs reprises dans la glace du cabinet de toilette attenant, et en revient avec un teint encore plus verdâtre. Désormais, la mutation va s'accomplir, et, quasiment sous nos yeux, Jean va devenir rhinocéros : sa respiration est bruyante, sa peau se durcit, sa corne s'allonge. Dans son vocabulaire apparaissent des termes inquiétants : « *Je dois chercher ma nourriture* », « *je n'ai confiance que dans les vétérinaires* ». Il se dit « *misanthrope* », il fonce tout droit, il écraserait volontiers les hommes. Il approuve M. Bœuf d'être devenu rhinocéros, suppose même qu'il a pu le faire exprès. D'ailleurs l'humanisme n'est-il pas périmé ? Il oppose la nature à la morale : « *Démolissons la civilisation.* » Ainsi donc physiquement, intellectuellement et moralement, Jean est devenu progressivement rhinocéros, et il se précipite tête baissée sur Bérenger : « Je te piétinerai » s'écrie-t-il. Bérenger, épouvanté, le veston troué, cherche à s'échapper, et veut alerter les voisins et le concierge, qui sont devenus eux aussi rhinocéros. Ils apparaissent partout, ils dévalent les rues en troupeau, ils montent de la fosse d'orchestre. L'acte se termine de façon tragique par la même interrogation que formulait le Bérenger de *Tueur sans gages* : « Comment faire? » Le mur du fond s'écroule. Bérenger s'enfuit.

TROISIÈME ACTE

Le troisième acte se déroule dans un seul décor, mais comprend 4 scènes. Bérenger est dans sa chambre, allongé sur son divan, la tête bandée. On entend des rhinocéros dans la rue. Bérenger rêve et se débat. Il se réveille et constate avec soulagement qu'il n'a pas de bosse. Sa toux l'inquiète aussi, mais il se calme peu à peu et s'exhorte à avoir de la volonté.

Entre son collègue de bureau Dudard, qui vient prendre de ses nouvelles. Il ne comprend pas les inquiétudes de Bérenger. Celui-ci a peur de la contagion. Ce qu'il appelle le « revirement » de Jean l'impressionne et le bouleverse. Si apathique d'ordinaire, il « *n'en revient pas* ». Au contraire Dudard essaye d'excuser Jean, et de s'expliquer le phénomène qu'il minimise. S'il s'agit d'une épidémie, elle n'est pas mortelle. Bérenger, lui, se pose des questions : est-il immunisé ? Peut-il se protéger ? Si on ne veut *vraiment* pas attraper ce mal, l'attrape-t-on quand même ? Bien que Dudard affirme que les rhinocéros ne sont pas méchants, et qu'il commence déjà à « *s'habituer* », Bérenger lui répond : « *Rien qu'à les voir... cela me serre le cœur.* » Pour la première fois aussi il se sent solidaire de tout ce qui arrive, et ne peut rester indifférent. *Il ne veut pas accepter la situation*, et songe même à alerter les autorités et à agir sur l'opinion pour « *couper le mal à sa racine* ». Incidemment, et comme à regret, Dudard informe son collègue que leur chef, M. Papillon, est devenu rhinocéros. Bérenger est scandalisé : « *Il avait le devoir de ne pas succomber.* » Vous manquez de mesure, lui dit Dudard, vous êtes intolérant, et vous parlez comme Botard l'instituteur. Il faut adopter une attitude de compréhension, de neutralité bienveillante, une attitude digne d'un intellectuel, comme le logicien. Hélas ! on aperçoit le canotier du logicien empalé sur la corne d'un rhinocéros. Bérenger montre le poing par la fenêtre, et s'écrie trois fois : « *Non, je ne vous suivrai pas.* »

Entre alors Daisy, un panier sous le bras. Elle non plus ne comprend pas l'agitation de Bérenger auquel elle apprend tranquillement que Botard est devenu rhinocéros. Il a donc changé d'idée ? On peut donc changer d'idée ? Comme beaucoup d'autres, Botard a déclaré : « *Il faut suivre son temps.* » Toujours réaliste, Daisy a apporté de quoi déjeuner, et ce n'était pas facile de trouver des provisions : « *Ils dévorent tout.* » On convie Dudard à rester, mais irrésistiblement attiré par les troupeaux de rhinocéros qui foncent dans la rue, prétextant que « *son devoir est de suivre ses chefs et ses camarades* », il se précipite vers la porte. Un rhinocéros de plus, un homme de moins.

Daisy et Bérenger sont restés seuls. Bérenger la serre dans ses bras. Ils font des projets. Est-ce l'heure de l'amour ? Non. Le téléphone sonne. On n'entend que des barrissements.

Bérenger se précipite vers son poste de radio pour avoir des nouvelles. Même résultat. Il n'y a plus qu' « eux » partout désormais.

Et on sent que rien ne peut plus empêcher Daisy de les rejoindre. « *Que veux-tu qu'on y fasse? Il faut être raisonnable*, dit-elle, *tâcher de s'entendre avec eux.* » Elle ne peut plus résister. Quand Bérenger lui parle de sauver le monde, elle lui répond qu'il est fou, et quand il lui parle d'amour, elle lui dit que cette faiblesse ne peut se comparer avec l'énergie des rhinocéros. C'est fini. Bérenger la gifle, et elle a beau lui pardonner son mouvement de colère, l'appel des barrissements des monstres est comme celui des sirènes. Ils lui paraissent beaux comme des dieux. Elle s'en va doucement.

La dernière scène est un monologue de Bérenger devant la glace. Que faire? Il commence par prendre une décision : on ne m'aura pas, moi. Mais très vite il recule : et si j'arrivais à *les* convaincre? Et si c'est *eux* qui ont raison? Il va même jusqu'à parler comme Daisy : ce sont *eux* qui sont beaux, et il souhaite d'être comme eux, d'avoir une ou deux cornes, la peau rugueuse, et de pousser des barrissements. Il se trouve laid. Il se trouve seul. Mais il a un brusque sursaut : « *Eh bien tant pis! Je me défendrai contre tout le monde... Je suis le dernier homme... Je ne capitule pas!* »

3 | Sens de la pièce

Nous nous sommes abstenu volontairement de commenter chemin faisant cette pièce, la laissant parler d'elle-même, et nous bornant dans un premier temps à un résumé aussi fidèle que possible.

Il s'agit d'une *fable*. Que signifie-t-elle ?

Dans plusieurs passages de *Notes et contre-notes*, Ionesco remarque que c'est la plus contestée de ses pièces, et que le public comme la critique en ont souvent donné les interprétations les plus contradictoires. Reprenons les minutes du procès.

UNE CERTAINE FORME D'ABDICATION

Dans cette pièce, tous les hommes, sauf un, deviennent peu à peu des rhinocéros. Peu importe le nom qu'on donne à la rhinocérite : épidémie, contagion, maladie; les malades ont un trait commun : ils ne résistent pour ainsi dire pas, et la plupart sont même tentés de succomber assez vite, ce qui, au premier abord, semble curieux. Qui sont en effet les rhinocéros ? Des bêtes brutes, des monstres stupides. Tout se passe donc comme si les humains *avaient hâte* de dépouiller l'homme en eux, de faire taire l'humanité au profit d'une valeur jugée supérieure, ou plus commode, ou plus répandue. Et nous pressentons qu'il s'agit d'une satire, d'autant plus violente qu'elle est plus voilée, contre une certaine forme d'abdication. Les hommes renoncent - et la plupart y renoncent volontairement - à ce qu'il y a en eux de plus élevé, de plus essentiel, ce qui justement les distingue de la bête : la pensée. Ils préfèrent se réfugier dans l'anonymat. On ne peut dire que le troupeau se signale par l'originalité ou le sens de la liberté! Tous pareils, et même le langage articulé a disparu, ce langage qui, si imparfait soit-il, est pourtant un signe de notre dignité. Par bêtise, par paresse, par intérêt ou par lâcheté, les hommes sont devenus des animaux, et des animaux féroces. Ils vont barrir comme eux, piétiner tout sur leur passage, enfin délivrés du fardeau de leur liberté, des scrupules de leur morale, des angoisses d'une pensée qui se cherche en gémissant. « Catapulte vivante [1] », le rhinocéros fonce tout droit, et l'on n'imagine pas de rhinocéros solitaire qui s'écarterait de ses frères pour vivre sa vie.

La pièce serait-elle une satire du conformisme ? Et il est bien vrai qu'à plusieurs reprises dans son œuvre antérieure, Ionesco a dénoncé comme nous l'avons vu « l'esprit petit-bourgeois » de ceux qui répètent des slogans, et suivent maladroitement la mode ou les idées du jour. Et il est bien vrai aussi que Botard s'est écrié avant de devenir rhinocéros : « *Il faut suivre son temps.* » Mais ce n'est là, croyons-nous, qu'une des formes de la rhinocérite, et c'est loin d'être la plus dangereuse.

UNE CRITIQUE DU NAZISME

Quelques mots ou expressions de la pièce ont pu avec raison nous suggérer une autre voie. Certains sont encore vagues, comme « *les événements* » : ils n'en reprennent pas moins le terme dont on s'est toujours servi en France pour désigner une crise grave, et il devient évident, à partir de la page 179, qu'il s'agit de l'Occupation de 1940 à 1944, et de l'attitude qu'on prêtait aux troupes allemandes, du moins au début. La phrase : « *Ils ne vous attaquent pas. Si on les laisse tranquilles, ils vous ignorent* » surtout suivie de « *Dans le fond, ils ne sont pas méchants* » rappelle irrésistiblement le « *ils sont corrects* », que se répétaient les premiers mois les Parisiens tout étonnés de ne pas être fusillés, et qui n'avaient pas encore compris le jeu de la Collaboration. Plus loin les arguments mêmes de Dudard reflètent exactement la mauvaise conscience des premiers collaborateurs : « *Ne croyez pas que je prenne parti à fond pour les rhinocéros...* » Cet *à fond* est admirable, de même que le « *ceci est une affaire intérieure, elle concerne*

1. Claudel *(Livre de Job).*

uniquement notre pays » : on pense à certains théoriciens de
« la France, la France seule » en 1940. Plus précise est l'allu-
sion aux restrictions : « *J'ai eu du mal à trouver de quoi manger.*
Ils dévorent tout », tandis que l'attitude des Français est sug-
gérée par ces lignes : « *Les gens s'écartent sur leur passage* »,
et l'appétit de nouvelles par la précipitation de Bérenger
qui veut faire marcher à la fin son poste de radio.

Est-ce donc le nazisme, la peste brune, que stigmatise
Ionesco ? Bérenger est-il un résistant ? Certes *il résiste* à la
rhinocérite, mais nous pensons que la première interprétation,
trop générale, la deuxième, trop étroite, du phénomène,
ne correspondent pas exactement à la pensée de Ionesco.
Si nous en croyons l'auteur, tel a pourtant été le point de
départ de *Rhinocéros*. Dans sa Préface à l'édition scolaire
américaine, reproduite ensuite dans *Notes et contre-notes*,
Ionesco donne en novembre 1960 d'intéressantes précisions.
Le passage est capital, et nous nous excusons de le citer en
entier :

« *En 1938, l'écrivain Denis de Rougemont se trouvait en*
Allemagne à Nuremberg au moment d'une manifestation nazie.
Il nous raconte qu'il se trouvait au milieu d'une foule compacte
attendant l'arrivée de Hitler. Les gens donnaient des signes
d'impatience lorsqu'on vit apparaître, tout au bout d'une avenue
et tout petit dans le lointain, le Führer et sa suite. De loin,
le narrateur vit la foule qui était prise, progressivement, d'une
sorte d'hystérie, acclamant frénétiquement l'homme sinistre.
L'hystérie se répandait, avançait avec Hitler, comme une marée.
Le narrateur était d'abord étonné par ce délire. Mais lorsque
le Führer arriva tout près et que tous les gens, à ses côtés, furent
contaminés par l'hystérie générale, Denis de Rougemont sentit,
en lui-même, cette rage qui tentait de l'envahir, ce délire qui
« l'électrisait ». Il était tout prêt à succomber à cette magie,
lorsque quelque chose monta des profondeurs de son être et résista
à l'orage collectif. Denis de Rougemont nous raconte qu'il
se sentait mal à l'aise, affreusement seul, dans la foule, à la
fois résistant et hésitant. Puis ses cheveux se hérissant « litté-
ralement », dit-il, sur sa tête, il comprit ce que voulait dire l'Hor-
reur Sacrée. A ce moment-là, ce n'était pas sa pensée qui résis-
tait, ce n'était pas des arguments qui lui venaient à l'esprit,
mais c'était tout son être, toute « sa personnalité » qui se rebiffait.
Là est peut-être le point de départ de Rhinocéros. »

On aura noté au passage les mots *hystérie* (3 fois), *délire* (2 fois), *magie*. Il s'agit d'un phénomène irrationnel, qui a été souvent noté, par exemple par Tolstoï dans *Guerre et Paix*, quand un de ses héros se trouve en présence du tzar Alexandre Ier lors d'une revue. Le patient est envoûté, et il se produit même un curieux « transfert », comme diraient les psychanalystes, ou, si l'on préfère, un changement de signe. Les personnages qui sont l'objet de l'adoration paraissent effectivement beaux comme des dieux. C'est justement le cas des rhinocéros, qui sont d'épouvantables bêtes féroces, et qui se transforment vers la fin en figures de vitrail. Leur affreux barrissement devient un chant, et comme celui des Sirènes, il attire irrésistiblement les hommes assez crédules ou assez faibles pour se laisser duper.

CONTRE UNE PENSÉE TOTALITAIRE

Ce serait donc limiter la portée de l'œuvre que d'y voir seulement la critique du nazisme. Oui, comme le dit encore Ionesco, « originairement, la rhinocérite était bien un nazisme » *(Arts* - Janvier 1961 - article reproduit dans *Notes et contre-notes)* mais on pourrait y voir tout aussi bien une critique du communisme, et d'une façon générale, de tous les totalitarismes. Une pensée totalitaire est en effet une pensée qui veut écraser toutes les autres, un système dans lequel il n'y a pas de place pour une opposition, quelle qu'elle soit. Les troupeaux de rhinocéros qui foncent en piétinant tout devant eux incarnent bien ce mépris de l'adversaire et ce refus même de l'obstacle. Ionesco remarque justement que dans la discussion la plupart des hommes n'admettent pas la contradiction, et se comportent comme des rhinocéros. Il remarque aussi que les hommes participent à la fondation des régimes qui les écraseront, et qu'ils sont responsables de leur ruine. Les rhinocéros n'ont donc pas plus la corne fasciste que la corne communiste : ils représentent tous les fanatismes, toutes les dictatures, et l'auteur nous indique par quels processus se développent ces mouvements, comment les monstres prolifèrent, et comment des hommes cessent d'appartenir à l'humanité.

L'ENGAGEMENT DE IONESCO

Si tel est bien le sens de la pièce, nous sommes, dira-t-on, forcés de reconnaître que Ionesco, si hostile pourtant au théâtre à thèse et au théâtre politique, s'est engagé dans cette œuvre, et sans doute plus profondément qu'il ne le croyait lui-même. Certains critiques sont allés jusqu'à dire qu'il se reniait, et qu'il faisait preuve dans *Rhinocéros* du même didactisme qu'il reprochait naguère à Brecht. Pour répondre à cette question, nous ferons remarquer d'abord qu'il y a une grande différence entre un théâtre politique comme celui de Brecht, c'est-à-dire un théâtre de propagande, et un théâtre, précisément comme celui de Ionesco, qui refuse la politique et l'idéologie comme aliénantes. Ce qu'il ne veut pas, c'est un peuple d'esclaves qui peut devenir d'un moment à l'autre la victime d'un fou ou d'un tyran. Cela dit, comme Ionesco revendique le droit à la contradiction, et admet (*Notes et contre-notes*, p. 97) qu'il ait pu être « tenté » de faire du « théâtre engagé »; comme il déclare un peu plus loin : « Je puis faire une fois ceci : du théâtre libre et gratuit; puis cela : *Tueur sans gages*, *Rhinocéros*... »; bref, comme il reconnaît lui-même que ces deux dernières pièces appartiennent à un autre registre que les précédentes, nous essayerons de voir ce qu'elles apportent de nouveau et en quoi elles se complètent.

Nous avons vu Bérenger dans *Tueur sans gages* prendre le risque d'affronter le Tueur pour sauver la Cité en péril. Cet acte d'héroïsme semble avoir peu retenu l'attention de la critique, sans doute parce que dans cette pièce Bérenger laisse éclater à la fin son impuissance et son désarroi. Il n'empêche qu'armé de sa seule bonne volonté et des pauvres leçons que sa morale lui avait enseignées, il avait déjà essayé de lutter contre le Mal et le Malheur. C'est cependant son échec qu'on lui a reproché, ainsi qu'à son auteur. Pourquoi ne pas penser que Ionesco a été sensible à ces reproches? que lassé de s'entendre toujours critiqué - ou loué - pour son message tout négatif, ou pour son absence de message, il ait voulu tout de même signifier quelque chose? La pièce *Rhinocéros* serait née, dans notre hypothèse, du désir de Ionesco de montrer qu'il était tout aussi capable qu'un autre de faire œuvre positive, et de donner, comme dans *L'Impromptu de l'Alma*, mais sous le voile du symbole, une leçon aux hommes.

LA NOUVELLE [1]

Nous possédons à cet égard un document inestimable. C'est la nouvelle intitulée elle aussi *Rhinocéros*, que dès septembre 1957 Ionesco avait publiée dans « *les Lettres nouvelles* ». On sait que Ionesco avait pris l'habitude de commencer souvent par un court récit, avant d'en tirer une pièce de théâtre. C'est ainsi qu'*Oriflamme* avait servi de point de départ à *Amédée ou comment s'en débarrasser* et *La Photo du colonel* à *Tueur sans gages*. Comme *Rhinocéros* n'a été joué qu'en 1960, même si - comme il est probable - la pièce était finie dès le mois de décembre 1958, il s'est écoulé plus d'un an entre la nouvelle et la pièce. Or la confrontation des deux œuvres est significative : le point de vue de Ionesco, et donc ses intentions, ont notablement changé de l'une à l'autre, et cela croyons-nous sous la double influence de la controverse londonienne avec *l'Observer* (juin-juillet 1958) et des critiques suscitées par l'œuvre de Ionesco en général.

Nous reviendrons sur la comparaison de la nouvelle et de la pièce quand nous étudierons l'art de Ionesco, et nous nous bornerons ici à montrer les différences qui prouvent un changement dans l'attitude de l'auteur, ou du moins dans celle de son héros Bérenger. Et ces différences apparaîtront surtout, comme il est normal, au troisième acte.

Dans la pièce, les craintes de Bérenger, après la « transformation » de Jean, sont beaucoup plus manifestes. Rappelons-nous : il a peur de la contagion, il a peur de devenir un autre. Il est *bouleversé*. La longue conversation avec Dudard lui permet de s'exprimer sur ce point, tout en précisant combien les deux hommes s'éloignent l'un de l'autre. Rien de tout cela dans la nouvelle, où Daisy seule vient rendre visite à Bérenger. L'évolution de la jeune fille est beaucoup plus claire dans la pièce. Elle trouve que les rhinocéros sont beaux comme des dieux, et qu'ils chantent. Dans la nouvelle, elle part sans un mot.

---

1. Avec l'aimable autorisation de l'auteur et des Éditions Gallimard, nous publions cette nouvelle à la fin de cette brochure.

Les différences sont encore plus sensibles dans le monologue final de Bérenger. La nouvelle met l'accent sur le désarroi du héros : « *La situation devint pour moi littéralement
intenable.* » Il *espère* que ses mains se sont durcies, que sa peau
va devenir verte. Il a mauvaise conscience, et se persuade
qu'il n'y a pas d'autre solution que de « convaincre » les rhinocéros. Toujours cette manie de convaincre ! Comme dans
Tueur sans gages, il veut engager le dialogue avec ses ennemis.
Mais il comprend que c'est impossible. La nouvelle se termine
sur ces mots : « *Hélas, jamais je ne deviendrais rhinocéros : je ne
pouvais plus changer. Je n'osais plus me regarder. J'avais honte.
Et pourtant, je ne pouvais pas, non, je ne pouvais pas.* »

Quelle différence avec la pièce ! La répulsion de Bérenger
pour le rhinocéros est dès le début plus marquée, et sa
volonté va s'affirmant. Certes il a des doutes, des tentations
même, comme dans la nouvelle. Mais ne dit-il pas, dès le
départ de Daisy : « *On ne m'aura pas, moi... je suis un être
humain* » ? Et surtout, il a ce sursaut final, qui n'existe pas dans
la nouvelle : « *Je ne capitule pas.* »

Cette prise de conscience exemplaire, cette volonté de
lutte - même si, comme nous le verrons, elle est plus instinc-
tive que raisonnée - font du Bérenger de *Rhinocéros* un véritable héros - ce qu'il n'était pas dans la nouvelle. Ce n'est que
dans la pièce que s'affirmera la *résistance*. Elle est donc plus
positive, plus visiblement orientée vers un message.

La nouvelle, reconnaissons-le, est plus étrange, plus
ambiguë, et, peut-être, moins artificielle. Mais au théâtre, il
faut frapper fort, et Ionesco a choisi cette fois, influencé et,
croyons-nous, agacé par certaines critiques, de dépasser le
« *Que peut-on faire?* » de *Tueur sans gages* et le « *Je ne pouvais
pas* » de sa nouvelle, en invitant Bérenger à décrocher sa
carabine.

Encore ne le fait-il qu'*in extremis*, et on peut penser que
le long débat de conscience qui précède ce geste tout symbo-
lique est plus important que lui. Il sert à montrer combien est
effrayante l'emprise des rhinocéros, et combien il est dur de
résister à leur fascination. Car Ionesco n'a voulu voiler ni les
séductions de la rhinocérite, ni l'âpreté des chemins de la
liberté. Comme Oreste dans *Les Mouches* de Sartre, Bérenger
reste seul : « *La liberté c'est l'exil.* » Mais c'est l'honneur de
l'homme de dire non, et de refuser les normes du troupeau.

Les personnages   4

• *Bérenger*

Ce qu'il y a de curieux est que Bérenger était au départ *le moins armé* de tous les personnages que nous présente Ionesco dans sa pièce.

Dès le début, nous constatons que Bérenger est assez mou et traverse la vie un peu comme un somnambule. Il avoue : « *Je ne m'y fais pas, à la vie.* » Il a l'air sans cesse fatigué, sa mise est négligée, ses traits sont tirés, et il boit un peu plus qu'il ne faudrait. Sans doute le fait-il pour se donner du courage et de la volonté. Trop timide pour déclarer son amour à Daisy, il s'est effacé devant Dudard, et semble beaucoup plus effarouché par l'apparition de la jeune fille au café que par celle du rhinocéros. Son indifférence à cet égard est même assez surprenante, mais Ionesco tient évidemment à faire évoluer son personnage. Peut-on aller jusqu'à dire qu'au début de la pièce c'est un vaincu ? Certes non.

Bérenger a en effet des qualités réelles. Il n'a pas fait d'études, mais a le désir naïf de s'instruire. A défaut d'intelligence profonde, il a du cœur et surtout un grand bon sens, et la juste mesure des mots. Les expressions comme « *je sens* » et « *il me semble* » font partie de son vocabulaire, et si, à la fin du premier acte, il s'est laissé emporter contre Jean, il se reproche bientôt son attitude, et cherchera vite à se réconcilier avec lui. C'est l'objet de sa visite au deuxième acte : constatant avec effroi les progrès de la maladie de son ami, il s'inquiète et veut appeler le médecin. Ce n'est que lorsque la mutation est accomplie et que Jean est devenu rhinocéros, que Bérenger comprend le danger, mais l'interrogation du deuxième acte - qui est celle qui termine *Tueur sans gages*, comme nous l'avons dit - ne fait que souligner son impuissance : « *Comment faire ?* »

C'est alors surtout que nous allons voir évoluer Bérenger. Remarquons le premier mot du troisième acte : « *Non.* » Bérenger, qui a été fortement impressionné par la transformation de Jean, a peur d'être atteint lui-même. Non seulement il « *a du mal à s'en remettre* », mais il se pose désormais toutes sortes de questions. Le phénomène en soi l'inquiète, et le concerne - contrairement à tous les autres personnages. Il se sent solidaire de l'humanité, et quand Dudard manifeste son indulgence ou son désir de neutralité vis-à-vis des nouveaux rhinocéros, il s'écrie : « *Votre devoir est de vous opposer à eux, lucidement, fermement.* » On a beau retrouver chez Bérenger la même morale inconsistante que chez son homonyme face au tueur, on a l'impression que cette fois il s'est rendu compte de la gravité de l'abdication des autres humains. Il est scandalisé par le peu de résistance qu'ont offert ses semblables, et quand, resté seul avec Daisy, il pourrait s'abandonner à la tendresse dans les bras de la jeune fille qu'il dit « aimer follement », on sent qu'il pense à autre chose. D'ailleurs, rien ne sonne plus faux que cette brève scène d'amour, et on est presque soulagé au moment où Bérenger gifle la jeune fille qui cède à la rhinocérite. Cependant, jusqu'à la fin, la décision de Bérenger demeure incertaine. Il était bien plus ferme avant le départ de Daisy. La peur de l'originalité, la peur de la solitude l'étreignent maintenant, et c'est devant l'impossibilité - qu'il déplore - de devenir rhinocéros qu'il assume sa condition d'homme : « *Eh bien tant pis !* » Tel est Bérenger, à la fois « résistant » et « hésitant », au point d'en avoir mauvaise conscience, de ne pas savoir s'il a tort ou raison.

Nous comprenons maintenant ce qu'il y a d'instinctif dans sa conduite. Ce n'est pas sa pensée qui résiste, et « *c'est la preuve que cette résistance est authentique et profonde* » *(Notes et contre-notes)*. Comme la foi du charbonnier, elle ne se démontre pas plus qu'elle ne s'encombre d'arguments d'ordre intellectuel. Bérenger nous rappelle un peu sur ce point *l'Étranger* de Camus : comme Meursault, c'est un homme simple qui ne se paye point de mots, et qui, en déconcertant chez le lecteur les habitudes mentales et les mécanismes sociaux, lui donne une leçon de loyauté.

• Jean

Voici maintenant Jean. Il est loin d'offrir les nuances psychologiques de son ami, et pourtant, il ne manque pas d'intérêt dans la mesure où son caractère le prédisposait à devenir rhinocéros. Un je ne sais quoi de trop voyant dans sa toilette nous avait dès le début du premier acte fait douter de son goût, et dès ses premiers mots, son manque d'indulgence et même sa dureté nous frappent péniblement. Des phrases comme « *J'ai honte d'être votre ami* » ou « *Je vous vaux bien* » témoignent bien d'une agressivité peu commune, et dans la discussion qui suit, comme dans les leçons qu'il prétend donner à Bérenger, il fait preuve d'autant de prétention que de mauvaise foi. Il ne se rend même pas compte de son ridicule quand il répète, sans les appliquer lui-même et sans les comprendre, les recettes de la culture-pour-tous. Par-dessus tout, il a l'esprit de contradiction poussé à l'extrême, et l'insulte est prête à jaillir quand l'interlocuteur se permet de ne pas être de son avis.

Ainsi la mutation du deuxième acte est-elle préparée dès le premier acte par l'intransigeance et la férocité du personnage. Dès lors, les allusions vont se multiplier, cependant que s'opère progressivement la transformation physique. Et on se rend compte que, de plus en plus, Jean admet l'éventualité de devenir rhinocéros. Il va jusqu'à le souhaiter. Quand Bérenger parle du ou des « malheureux rhinocéros » qu'ils ont aperçus le matin, prenant l'adjectif au pied de la lettre, Jean s'écrie : « *Qui vous a dit qu'ils étaient malheureux?* », et apprenant la transformation de Monsieur Bœuf, il suggère qu'il l'a peut-être *fait exprès et que* « *ça vaut mieux pour lui* ». Et Bérenger se trouve aussi désarmé en face de lui que son homonyme en face du tueur, contraint, face à une brute fanatique, de défendre maladroitement la morale, l'humanisme et « *des siècles de civilisation* ».

● *Botard*

Les caractères et les cas de rhinocérite de Botard et de Dudard méritent également d'être examinés de près. Qui est Botard? Presque un personnage de farce, tant il est outré; et pourtant qui n'a connu des Botard? Il commence par ne pas croire l'histoire du ou des rhinocéros, et, on ne sait pourquoi, pêle-mêle, il se vante de son esprit méthodique, de son anti-racisme, et poursuit de sa haine vengeresse les patrons, les curés, l'église, les journalistes. Quand enfin - nouvel Orgon - il aperçoit de ses yeux le rhinocéros dans l'escalier, il dénonce la « machination infâme » - montée par qui ? - contre qui ? Nous l'ignorerons toujours, comme lui-même. Il se contredit d'une phrase à l'autre, et quelquefois dans une même phrase. Il affirme avec assurance : « *Ce n'est pas parce que je méprise les religions qu'on peut dire que je ne les estime pas.* » Sans cesse en colère, presque au bord de l'apoplexie, il parle par sous-entendus, menace de démasquer les traîtres, prétend connaître les responsables, et use de phrases toutes faites et de slogans - « *on nous exploite juqu'au sang* » - comme certains hommes politiques. Disons, pour simplifier, que Jean représenterait plutôt un fascisme de droite raciste, et Botard un fascisme de gauche ou d'extrême gauche, anti-raciste certes, mais tout aussi borné, qu'aucun d'entre eux n'a la moindre lumière d'intelligence, mais que Jean est plus angoissant, Botard plus ridicule. Il deviendra même odieux quand nous apprendrons par Daisy au troisième acte qu'il a succombé - on peut dire volontairement - à la rhinocérite, puis qu'après avoir manifesté violemment son indignation lors de la transformation de son chef, Monsieur Papillon, il le suivra par conformisme, ou par lâcheté. Ses grands mots n'étaient donc que du vent.

- • *Dudard* ou la trahison du clerc

Dudard semble moins caricatural. Au deuxième acte, bien qu'il se montre ironique à l'égard de Botard, il reste mesuré et digne. C'est au troisième acte qu'il va se révéler quand il vient rendre visite à Bérenger, et tout de suite se fait sentir la différence entre les deux hommes qu'on aurait pu croire assez semblables. Dudard ne comprend pas l'appréhension de Bérenger, et il s'étonne même de l'importance que son ami attache au phénomène. Pour lui, il essaye seulement de l'expliquer, mais en l'expliquant, il le minimise. C'est là typiquement une réaction d'intellectuel. Et c'est de la part de Ionesco une des plus fines critiques de l'intellectualisme, au sens où cette attitude s'oppose à la passion, et prétend tout examiner avec une froide neutralité. Dudard commence par dire, en parlant des rhinocéros : « *Laissez-les donc tranquilles* » et donne finalement à Bérenger ce conseil : « *Il faut prendre les choses à la légère* », qui le condamne lui-même, car non seulement Dudard souligne égoïstement qu'il n'a pas eu « *d'ennuis* », mais encore il pratique l'abstentionnisme et se désintéresse de son temps et des conséquences probables de l'événement. Ce qu'il appelle de la sagesse est de l'aveuglement et de la lâcheté. Dans le fond de lui-même, il doit avoir mauvaise conscience, puisqu'il n'a pas voulu dire tout de suite à Béranger que leur chef avait succombé à l'épidémie. Il est même franchement gêné quand Béranger le presse : « *Puisqu'on ne veut pas... n'est-ce pas... dites?* » et qu'il répond mollement : « *Mais oui, mais oui.* » Il se persuade qu'il veut rester honnête, avoir au départ un préjugé favorable, que la frontière est incertaine entre le normal et l'anormal, mais lui aussi se paye de mots. Il se trompe et nous trompe. C'est Béranger avec son bon sens simpliste qui a raison contre l'intellectuel, contre l'érudit, contre le clerc qui trahit. Et quand Daisy l'invite à rester pour partager leurs provisions, c'est lui - qui pourtant faisait la cour à la jeune fille - qui sous de mauvais prétextes, et invoquant même *son devoir*, en réalité cédant à l'appel du nombre, va rejoindre le troupeau.

Le cas de Dudard est très grave, et la scène, qui est la plus forte de la pièce, profondément dramatique. Dudard par son calme, par sa culture, paraissait armé, lui, pour résister à la rhinocérite. Et c'est justement cette sérénité et cet humanisme qui l'ont perdu, parce qu'ils ont abouti au scepticisme. A force de vouloir peser les choses, Dudard en est venu à ne plus sentir à quel moment il fallait savoir dire : non. Ne reprend-il pas - pour son confort personnel - le vieil adage : comprendre, c'est justifier ? Par son analyse impitoyable du cas de Dudard, Ionesco nous amène, plus encore qu'avec les autres personnages, à nous interroger.

• *Daisy*

De Daisy, il y a peu à dire. Elle est bien « gentille », toujours complaisante et prête à tout arranger. Elle aime bien Béranger, et c'est une bonne camarade. La rhinocérite ne semble guère l'avoir impressionnée : comme Dudard, elle est *habituée*, et il vaut mieux penser à déjeuner. Elle ne fait rien pour empêcher Dudard de partir, et, restée seule avec Béranger, elle lui conseille de se calmer et de se reposer. Elle lui parle comme à un enfant : « *Tu as été bien sage aujourd'hui?* », et le soigne comme une infirmière. Il est possible qu'elle ait envisagé un instant la vie à deux, mais elle ne se sent pas assez forte pour résister. Quand Bérenger lui dit : « Je t'aime », elle lui répond avec impertinence : « *Tu te répètes, mon chou* », et l'on sent vite à quel point ces deux êtres sont opposés, l'un idéaliste et tourmenté, l'autre voyant les choses telles qu'elles sont, ou du moins, telles qu'elles apparaissent à sa petite cervelle d'oiseau.

• *Le chœur*

La ménagère, l'épicier, l'épicière, le patron du café, la serveuse, le vieux Monsieur, ne sont que des masques. Ils représentent *le chœur*, comme dans la tragédie antique, nécessaire ici pour commenter les événements du premier acte. Mais ils les commentent avec des lieux communs et des banalités, ou surtout des propos qui n'ont rien à voir avec la gravité de la situation, et ne témoignent que de l'indifférence générale. On s'apitoie sur la ménagère, l'épicier songe à lui vendre une autre bouteille de vin, le vieux Monsieur à profiter de l'occasion pour lui faire une déclaration galante, le patron à faire payer les verres cassés à la serveuse, tout le monde s'attendrit sur le chat écrasé, mais personne n'agit : personne (sauf plus tard Bérenger) ne se dit que la présence insolite du rhinocéros exige des mesures urgentes. On ne se soucie que de son intérêt personnel, on parle et c'est tout.

Il en sera de même à l'acte II où interviennent les personnages épisodiques de M. Papillon et de Mme Bœuf. On commente la nouvelle donnée sèchement par le journal, et la discussion oiseuse reprend sur le nombre et l'identité des rhinocéros. M. Papillon est une marionnette de plus, et c'est probablement leur inconsistance qui fera de tous ces êtres de second plan des victimes consentantes ou des proies faciles.

Mais tous les personnages de cette pièce, même les principaux, ne sont-ils pas des masques ? A part Bérenger, qui - maladroitement peut-être - cherche au moins sa vérité, les Jean, les Botard et les Dudard sont des fanatiques, des imbéciles ou des hypocrites pour qui le langage n'est qu'un moyen de cacher leur pauvreté intérieure ou leur inauthenticité. Et on n'a pas fini d'épiloguer sur le paradoxe de Ionesco : faire de Bérenger-le-simple, de Bérenger-le-pacifique, de Bérenger-le-raté le champion solitaire de la lutte contre les rhinocéros, comme s'il voulait nous dire que les vertus essentielles sont bien des qualités de bon sens et de cœur, et non des prétendues qualités intellectuelles qui se traduisent par des jeux stériles et sont une prime au psittacisme.

• *Le logicien*

Un personnage est caractéristique à cet égard : c'est celui que Ionesco appelle le logicien. Il vient tout droit du Professeur de *La Leçon*, et des ridicules « docteurs en théâtrologie » de *L'Impromptu de l'Alma*. De même que ceux-ci prétendaient juger l'auteur dramatique au nom de préceptes appris par cœur, de même que celui-là s'empêtrait dans ses théories, et finissait par enseigner l'absurde à son élève, de même le logicien fabrique des raisonnements truqués et, bâtissant dans le vide, aboutit à des conclusions burlesques ou démentielles. Mais tandis que le Professeur perdait peu à peu le contrôle de lui-même et devenait de plus en plus agressif (on sait qu'il finira par tuer son élève), le logicien conserve jusqu'au bout un calme imperturbable qui souligne plus encore la vanité ou la monstruosité de sa logique.

> Le logicien (au vieux Monsieur) : *Voici donc un syllogisme exemplaire. Le chat a quatre pattes. Isidore et Fricot ont chacun quatre pattes. Donc Isidore et Fricot sont chats.*
>
> Le vieux Monsieur (au logicien) : *Mon chien aussi a quatre pattes.*
>
> Le logicien (au vieux Monsieur) : *Alors, c'est un chat...*
>
> Le logicien (au vieux Monsieur) : *Autre syllogisme : tous les chats sont mortels. Socrate est mortel. Donc Socrate est un chat.*

Et tout cela quand déjà un premier rhinocéros a traversé la rue ! On imagine que Ionesco n'allait pas se priver du plaisir de nous apprendre que le logicien a vite succombé à l'épidémie : symbole des pseudo-intellectuels et des « idéologues », traître au langage, donc à la pensée, il est l'anti-Bérenger par excellence, et il était normal que son imposture le menât à la démission, j'allais dire à la... « collaboration », tant s'impose par moments dans cette pièce le souvenir des années sombres de l'Occupation. Mais « collaboration », si je puis dire, au sens large, avec toutes les puissances infernales de destruction de la pensée et d'aliénation de l'homme. A partir du moment où l'on malmène ou détraque ce merveilleux instrument qu'est ou pourrait être le langage, semble nous dire Ionesco, à partir du moment où la mécanique tourne à vide, et où l'automatisme s'empare des mots, tout devient possible : la rhinocérite nous guette. C'est pourquoi le logicien est un symbole si représentatif de la critique ionesquienne.

LA SATIRE DU LANGAGE STÉRÉOTYPÉ

Le principal thème que nous rencontrons dans cette pièce, comme dans toutes les autres pièces de Ionesco, est encore et toujours la *satire du langage stéréotypé*. Mais elle n'a plus l'aspect d'un jeu gratuit, comme par exemple dans *La Cantatrice chauve*. Elle s'intègre cette fois à une critique de la société, et plaide pour une défense de l'homme. Tout est remis en question dès lors que sont devenus suspects les instruments de la morale, ceux de la culture, ceux de l'humanisme, ceux mêmes de l'intelligence. Pas un des personnages de *Rhinocéros* n'échappe à la contamination. Bérenger lui-même est sur le point de succomber.

Chez Jean, au moment de la dispute du premier acte, on voit par quel glissement du sens des mots se déclenche la colère :

Bérenger : *Vous êtes têtu.*

Jean : *Vous me traitez de bourrique, par-dessus le marché. Vous voyez bien, vous m'insultez.*

Même procédé quand Bérenger constate au deuxième acte que son ami a mauvaise mine, et que son teint est verdâtre, et que Jean réplique :

Vous adorez me dire des choses désagréables. Et vous, vous êtes-vous regardé ?

On pourrait dire que justement c'est parce qu'il est en colère qu'il ne se contrôle pas et répond de travers. Mais pourquoi alors se permet-il de jouer au moraliste, et de donner des conseils à Bérenger ? Car les règles qu'il lui donne sont manifestement creuses et vidées de leur substance : il répète une leçon apprise dont il n'a jamais éprouvé les effets sur lui-même. Il a beau dire qu'il veut fournir à Bérenger des armes pour lui apprendre la lutte pour la vie, il ne lui transmet que des mots, c'est-à-dire du vent. « *Devenez un esprit vif et brillant. Mettez-vous à la page.* » Que préconise-t-il ? de penser, d'utiliser son intelligence, c'est-à-dire que par une *pétition de principe*, comme on dit justement en logique formelle, il tient pour admises les qualités mêmes qu'il s'agit pour Bérenger d'acquérir. Et quand il lui demande de visiter des musées, de lire des revues, d'entendre des conférences, c'est une certaine forme d'humanisme vide et sclérosé que Ionesco désire dénoncer, car ces recettes ne sont guère valables que pour des gens déjà cultivés. La preuve qu'il ne s'agit ici que de phrases toutes faites, est que le burlesque apparaît sous l'ironie glacée de l'auteur. « *En quatre semaines, vous êtes un homme cultivé* », et Ionesco, comme Molière, se moque de lui-même : « *Avez-vous vu*, demande Jean à Bérenger, *les pièces de Ionesco ? Il en passe une, en ce moment. Profitez-en. Ce sera une excellente initiation à la vie artistique de notre temps.* » Et quand Bérenger, séduit, décide d'aller au musée l'après-midi même, et au théâtre le soir, Jean décline son invitation sous de mauvais prétextes.

Botard aussi ne s'exprime que par clichés, et il passe d'une idée à l'autre avec la même inconséquence que Jean. Parle-t-on du chat écrasé, il s'écrie : « *Est-ce d'un chat ou d'une chatte qu'il est question ? Et de quelle couleur ? De quelle race ? Je ne suis pas raciste, je suis même antiraciste.* » Parle-t-on des journalistes ? « *Ils ne savent quoi inventer pour faire vendre leurs méprisables journaux, pour servir leurs patrons, dont ils sont les domestiques.* » Du repos du dimanche ? « *Moi, je travaille aussi le dimanche. Je n'écoute pas les curés, qui vous font venir à l'église pour vous empêcher de faire votre boulot et de gagner votre pain à la sueur de votre front.* » Ce qu'il y a d'admirable, et presque de grandiose dans la dernière phrase, est que Botard mêle à la critique de l'Église une formule empruntée naïvement à la Bible.

L'analyse du langage de Dudard est d'autant plus inté-ressante qu'il n'est pas, lui, un personnage de farce. La « con-version » de Dudard n'en est que plus subtile et plus hypocrite. Son langage est au début - ou veut être - celui de l'intellectuel qui sait faire la part des choses, qui est compréhensif, tolérant, et prêt à tout examiner avec une bienveillante neutralité. Le bon apôtre se fait cependant sentir à une certaine gêne, et nous devinons qu'il est prêt à admettre, à approuver les rhinocéros, ou à s'attendrir sur eux : « *de grands enfants* ». Il a beau dire à la fin : « *Je conserverai ma lucidité* » ou « *j'écoute mon devoir* », ce ne sont que formules vides et fallacieuses.

Au moins Bérenger résiste-t-il à cette maladie, qui est à la fois inflation et dévaluation du langage ? Pas toujours, il faut bien l'avouer. N'est-il pas, par bien des aspects, le frère de celui qui, parti à la rencontre du tueur mû par une généreuse impulsion, ne trouve, mis en face de lui, que les pauvres arguments et les lieux communs dérisoires d'un humanisme conventionnel et d'un idéalisme sans cesse démenti par les faits ? Notre Bérenger est lui aussi victime du langage, quand voulant faire réfléchir Jean, il n'énonce que des clichés : « *Vous vous rendez bien compte que nous avons une philosophie, que ces animaux n'ont pas un système de valeurs irremplaçables. Des siècles de civilisation humaine l'ont bâti !* » Jean a beau jeu de se moquer de lui, et de ses grands mots : « l'humanisme... l'esprit ». Ce n'est peu à peu que Bérenger tentera de leur donner un contenu, ou plutôt il sentira instinctivement, comme il le dit à Dudard, qu'il ne faut pas démissionner. Ce n'est que lorsque sa sensibilité, plus que son intelligence, aura été éveillée, lorsqu'il aura cessé de se fier aux mots pour se laisser guider par son instinct qu'il sera capable du sursaut final.

LA FAILLITE DE L'HUMANISME TRADITIONNEL

Le deuxième thème, qui dérive du premier, est donc *la faillite de l'humanisme traditionnel*, celui qui de Montaigne à André Gide avait contribué à façonner l'honnête homme du XVIIe siècle, et l'intellectuel libéral de la première moitié du XXe. De ce côté-là, nous laisse entendre Ionesco, nous n'avons à attendre que des déceptions ou des mensonges, qu'il s'agisse de la morale ou de la culture. Chaque fois qu'un personnage de sa pièce fait appel à ces notions, elles sont ridiculisées ou inefficaces, comme elles l'étaient dans *Tueur sans gages*. Nous avons vu avec quelle maladresse et quelle mauvaise foi Jean prétendait donner des conseils à Bérenger au début de *Rhinocéros*, puis comment Bérenger devait assumer ce rôle ingrat à son tour au deuxième acte, pour qu'enfin Dudard vînt au troisième consommer la défaite et l'écroulement de l'humaniste qui est passé du désir de neutralité au scepticisme, et du scepticisme à l'abdication, refusant l'angoisse de l'engagement.

Car c'est bien en termes empruntés à l'existentialisme qu'il nous faut juger l'attitude finale de Bérenger. Alors que les autres personnages de la pièce sont restés figés dans leur inauthenticité, ou sont demeurés esclaves des mots, c'est bien par un acte libre que Bérenger assume sa condition d'homme, et accepte - avec le choix qu'il vient de faire - et l'angoisse, et la solitude, et l'exil, promis par Sartre à ses héros. Nous avons comparé plus haut Bérenger à l'Oreste des *Mouches* : de même que le meurtrier de Clytemnestre et d'Égisthe avait trouvé *son* acte et l'avait accompli en même temps pour toute la ville d'Argos, de même, en décrochant sa carabine, Bérenger nous invite à ne pas subir passivement le mal. Car la rhinocérite est une maladie grave, et nous devons nous défendre contre elle les armes à la main. Il ne suffit pas de dire avec Dudard : « *Il faut toujours essayer de comprendre.* » Cet humanisme-là est dépassé, ou trop commode. Il y a des limites même à la tolérance, nous dit Ionesco par la bouche de Bérenger. Il faut savoir dire non et agir en conséquence. Comme on le voit, à un humanisme stérile, il oppose *un humanisme viril* qui fait sa place à l'engagement, à l'héroïsme s'il le faut. De même qu'Oreste avait écarté les molles leçons du Pédagogue, de même Bérenger refuse de se laisser duper par les tortueuses raisons de Dudard.

Il s'ensuit que la pièce peut sembler ambiguë à cause des flèches décochées contre l'humanisme. Qu'on nous entende bien : c'est de l'humanisme traditionnel qu'il est question, celui dont Ionesco, après plusieurs écrivains, dénonce la faillite, celui qui n'apporte pas plus de solutions au problème de la condition de l'homme, qu'à celui de sa conduite, ou du moins, qui n'offre plus de solution valable actuellement, depuis par exemple que la menace de la rhinocérite est devenue réalité. C'est donc bien pour la défense de l'homme que veut œuvrer Ionesco.

UNE AFFAIRE DE VOLONTÉ

Le troisième thème qui circule à travers sa pièce est plus angoissant que les deux premiers, qui comportaient une bonne dose d'ironie. Il consiste dans une question, ou plutôt une série de questions. Le Bérenger de *Tueur sans gages* se les posait déjà : « *Que peut-on faire ?* » se demandait-il avec angoisse à la fin du drame. D'une façon lancinante la même interrogation revient à plusieurs reprises, et sous diverses formes, dans *Rhinocéros*. Quels moyens avons-nous de nous protéger contre cette maladie ? Comment peut-on l'éviter ? Peut-on être immunisé ? Et surtout celle-ci : Si on ne veut vraiment pas attraper ce mal, l'attrape-t-on quand même ? Bérenger est obsédé par la question. Il a sous les yeux de plus en plus d'exemples de mutation : il ne cesse de les comparer, de les examiner, et se persuade de plus en plus que c'est une affaire de volonté. On se souvient que dès le début de la pièce, Bérenger nous avait été présenté comme un être faible, mou, velléitaire. Jean lui avait adressé des reproches à ce sujet, et Bérenger, sentant que c'était son principal défaut, avait même promis de s'en corriger. Il a donc un moyen de vérifier sur lui-même la force de sa volonté : résister à l'épidémie. Et plus la tentation est forte, plus se fait séduisante la voix des rhinocéros, et pressante la loi du nombre, plus sera grand le mérite de Bérenger. Dès lors son affirmation finale aurait tout l'air d'un défi, ou d'une rodomontade. Nous ne le croyons pas : Bérenger est simple. Il est sincèrement convaincu qu'à l'épidémie générale, d'autant plus dangereuse qu'elle est plus insidieuse, on ne peut répondre que par la force. Les rhinocéros se sont installés et multipliés au milieu de l'indifférence et de l'apathie universelles. Bérenger a été complice un moment de cette apathie : comme les autres, il a sous-estimé l'événement, mais enfin, il a ouvert les yeux. Peut-être est-il encore temps ; peut-être pourra-t-il ramener à la condition humaine quelques rhinocéros fraîchement convertis ; peut-être la maladie enfin diagnostiquée et démasquée reculera-t-elle devant la volonté affirmée d'un homme. « *Et s'il n'en reste qu'un, je serai celui-là* ». En tout cas pour lui, son parti est pris : à la question : « *Que peut-on faire ?* », il répond : « *Je ne capitule pas.* »

L'art de l'écrivain

COMPOSITION

On voit dès lors combien sont injustes certains reproches qui ont été adressés à la *composition* de la pièce. Ils concernent d'abord le premier acte. Il est, a-t-on dit souvent, beaucoup trop long, et les pastiches de la conversation courante y sont « plats et lassants ». Quel rapport y a-t-il entre ces propos et la gravité du phénomène : l'apparition d'un rhinocéros dans la ville ? *Mais justement aucun!* Chacun poursuit ses petites préoccupations dérisoires, ou s'obstine à entamer des discussions oiseuses qui n'ont rien à voir avec le fond de la question, alors que par deux fois la ville a été secouée par un événement non seulement insolite, mais lourd de menaces. Personne ne voit le danger. Personne ne songe à y parer. C'est cela que Ionesco veut nous dire : nous sommes des insouciants ou des aveugles. Loin donc de se livrer à un jeu gratuit, *il nous expose dès le début par le biais du comique une situation tragique.*

Le deuxième acte culmine avec la transformation de Jean et la panique de Bérenger. Commencé dans le style de la farce burlesque, avec l'épisode de M. et Mme Bœuf et la descente héroï-comique par la fenêtre, c'est-à-dire le premier tableau, il se termine par la vision terrifiante des têtes de rhinocéros qui surgissent de toutes les portes.

Le troisième acte, d'un pittoresque moins extérieur, a plus de substance philosophique et morale. Il n'y a donc pas lieu de s'étonner si le comique a presque entièrement disparu. Cet acte est constitué essentiellement par la grande scène avec Dudard, dont nous avons souligné l'importance. C'est là que sont exposées les principales raisons de l'engagement futur de Bérenger. Il est donc bien vrai que le comique du début cède de plus en plus la place à la tragédie, et que celle-ci est de plus en plus la tragédie de Bérenger, mais la fin n'est brusquée qu'en apparence. La décision du héros était préparée par une évolution dont nous avons suivi les étapes. Pourtant, l'auteur a su ménager l'effet de surprise et tenir jusqu'au bout les spectateurs en haleine. Jusqu'aux dernières lignes, la mutation et la capitulation de Bérenger sont encore possibles. Ruse d'auteur dramatique? Nous ne le croyons pas. Il s'agit une dernière fois de nous mettre en garde contre le chant des Sirènes, et de nous montrer que même Bérenger peut y être sensible, comme Daisy. Il s'agit de nous montrer que la rhinocérite profite en nous de la moindre défaillance, et qu'il faut une vigilance de tous les instants pour ne pas succomber.

LE FANTASTIQUE ET L'HUMOUR

Reste à savoir comment Ionesco a su combiner des éléments aussi variés, et parvenir à nous inquiéter après nous avoir fait rire, et à nous émouvoir avec une fiction aussi invraisemblable. Nous partirons de la fable en effet pour analyser le fantastique ionesquien. Un, puis deux rhinocéros apparaissent dans une ville. Il y a de quoi alarmer les habitants. Comme nous l'avons vu, il n'en est rien. Voilà un premier trait du fantastique, qui l'apparente notamment à celui de Kafka : il n'est pas perçu comme tel. La nouvelle commence ainsi : « *Nous discutions tranquillement de choses et d'autres, à la terrasse du café, mon ami Jean et moi, lorsque nous aperçûmes, sur le trottoir d'en face, énorme, puissant, soufflant bruyamment, fonçant droit devant lui, frôlant les étalages, un rhinocéros.* » La sobriété même du récit par rapport à la pièce - on est tout de même obligé au théâtre de manifester la présence du monstre - engage le lecteur lui-même à ne pas réagir immédiatement devant l'apparition insolite. Et c'est de nous-mêmes que nous rions, à cause de l'humour de l'auteur, qui demande notre complicité. Il s'agit de jouer le jeu avec lui : - Un rhinocéros ? - Oui, un rhinocéros. - Ah ! bon ! Dès le début, le procédé est *l'alliance du fantastique et de l'humour*, le second désarmant et pour ainsi dire désamorçant le premier. Ce n'est que dans un deuxième temps que nous allons nous alarmer, et établir du même coup notre supériorité par rapport aux autres personnages. En effet ils ont tous, si l'on peut dire, réagi en prenant *au sérieux* l'apparition du fauve, et non *au tragique*. Ils n'ont pas compris que l'auteur leur donnait à entendre sur un ton badin ou indifférent une chose très grave - ce qui est le propre de l'humour -, et qu'il fallait, non prendre sa fiction au sérieux, mais la prendre au tragique. En faisant le contraire, ils nous ont montré qu'ils nous étaient inférieurs, et nous ont donné l'occasion de nous moquer d'eux. Ils manifestent bien un certain étonnement, mais sans commune mesure avec l'événement. Leurs commentaires sont toujours « à côté », donc risibles, comme s'il s'agissait par exemple d'un simple désordre toléré par « les autorités », du type : « *c'est inadmissible* », ou « *on ne devrait pas le permettre* », ou mieux encore : « *un rhinocéros en liberté, ce n'est pas bien* ». La pauvreté des lieux communs, sans rapport avec le scandale, est encore soulignée par des effets constants de répétition : « *Oh ! un rhinocéros !* » - « *Ça alors !* » - « *Qu'est-ce que vous en dites ?* » - « *Pauvre petite bête !* » et surtout par le contrepoint systématique établi par l'auteur entre la discussion de Jean avec Bérenger sur la culture d'une part, et l'explication du syllogisme donnée par le logicien au vieux Monsieur d'autre part. Les phrases se répondent en écho, ridiculisant en même temps la fausse culture, celle que Jean prétend inculquer à Bérenger en quatre semaines, et la fausse raison, celle qui en s'écartant délibérément de la réalité, bâtit les raisonnements vides ou délirants du logicien.

DE L'ABSURDE...

C'est ainsi que peu à peu *l'absurde* est venu remplacer et si l'on peut dire relayer l'humour. Le rhinocéros, c'est-à-dire le fantastique, est alors complètement oublié, soit parce que la conversation a pris un autre cours, soit parce que, au moment de la deuxième apparition de la bête, elle n'a retenu de l'événement qu'un aspect dérisoire. La douleur de la ménagère devant son chat écrasé, et les condoléances du chœur sont tout de même disproportionnées, et la discussion qui suit sur le nombre de cornes ou la nationalité de l'animal est parfaitement oiseuse. C'est la preuve en tout cas que tout est rentré dans l'ordre. L'intervention du logicien, et son oracle final, religieusement écouté par l'assistance, ont permis de « *poser le problème de façon correcte* ». Le village peut retrouver son calme dominical, et ses habitants recommencer à vaquer à leurs petites habitudes. Une vague alarme inquiète cependant les spectateurs à la fin de ce premier acte. Ils ont bien ri, ils se sont bien divertis aux dépens de ces êtres primitifs, de ces citoyens sous-développés qui ont passé leur matinée du dimanche en vaines palabres. Mais tout de même, ces rhinocéros on les a vus, ils sont bien allés quelque part, ils signifient bien quelque chose. Ne va-t-on pas les revoir ?

... AU BURLESQUE

Oui, et dès le deuxième acte, nous apprenons que les rhinocéros se multiplient : non qu'il s'agisse d'une invasion, mais d'une mutation. Des habitants deviennent rhinocéros. M. Bœuf - au nom prédestiné il est vrai - s'est transformé en monstre. Monstre bien pacifique sans doute, triste même. « Pauvre bête », dit Daisy, comme tout à l'heure elle le disait du chat écrasé, et elle l'appelle même du haut de l'escalier : « Minou, minou, minou. » Nous nageons dans *le burlesque* sans compter que Mme Bœuf s'évanouit en reconnaissant son mari, et que, revenue à elle, elle l'appelle « mon pauvre chéri », en attendant de sauter, et d'atterrir à califourchon sur le dos de l'animal, et de regagner en cet équipage le domicile conjugal. Ici, avouons que la bouffonnerie est un peu grosse : Ionesco eût pu se passer aisément de la dimension de la farce, mais n'oublions pas que déjà dans le premier acte, il avait eu recours, pour présenter son chœur de marionnettes, à des procédés de guignol, ce guignol qui l'avait tant impressionné quand il était enfant. Rappelons-nous la scène où, bougeant les bras comme s'il allait s'envoler, Jean heurte très fort le vieux Monsieur qui bascule entre les bras du Logicien. C'est facile, mais toujours efficace à la scène, surtout quand il s'agit d'éviter par le rire toute retombée dans le tragique, et de confirmer au besoin la dégradation du fantastique lui-même par la technique rassurante du dessin animé. C'est en effet aux « *comics* » que fait penser la fin du premier tableau de ce deuxième acte, avec le départ de Mme Bœuf, l'arrivée des pompiers et la descente héroï-comique de nos bureaucrates par la fenêtre.

LE TRAGIQUE

C'est très exactement ici que se situe la frontière entre le comique et le tragique de la pièce, c'est-à-dire en plein milieu de *Rhinocéros*. Nous ne voulons pas dire que nous cessons brusquement de rire, mais que nous cessons de nous croire étrangers ou supérieurs aux personnages. Désormais c'est de nous qu'il s'agit, nous avons compris (du moins faut-il l'espérer) que cette affaire est grave et qu'elle nous concerne tous. Et plus les défaites s'accumulent, plus les abandons se multiplient dans un ordre accéléré, plus la tragédie devient celle de Bérenger, plus nous nous identifions à lui, qui se présente comme notre champion. Cela a commencé dans la chambre de Jean, quand nous avons vu s'opérer la première transformation. Car le premier rhinocéros que nous apercevons était encore un homme il y a quelques instants. Et celui-là est loin d'avoir la douceur, la « correction » de ceux dont on parlait au début : il est féroce, il est dangereux, comme tous ceux dont on voit les têtes et les cornes apparaître un peu partout, et dont on entend le troupeau dévaler les rues. Désormais finis l'humour et le burlesque. C'est l'épouvante qui règne. Ionesco veut nous faire peur, et y réussit.

Bérenger en est tombé malade. Est-ce la rhinocérite ? Le début du troisième acte nous rassure sur ce point, mais la menace planera jusqu'à la fin, Ionesco ayant eu l'habileté de laisser dans le doute la question de savoir s'il existait des remèdes infaillibles. La cascade de mutations inattendues, les anachronismes un peu faciles ou qui pâtissent de leur isolement (Retz, Mazarin, Saint-Simon, « nos classiques » devenus rhinocéros) peuvent bien faire naître un pâle sourire, seule désormais nous intéresse la décision de Bérenger, c'est-à-dire la nôtre en fin de compte. Et même si elle n'intervient que dans les dernières secondes de la pièce, elle est conforme à l'esprit de Bérenger, au sens général de l'œuvre et au désir du spectateur.

PROBLÈMES DE MISE EN SCÈNE

Pour souligner mieux encore en terminant la maîtrise de Ionesco sur le plan dramatique, nous dirons que c'était presque une gageure de porter à la scène un pareil sujet. Mais n'est-ce pas Ionesco lui-même qui a dit que tout était possible au théâtre ?

Il n'est que de comparer la nouvelle intitulée *Rhinocéros* à la pièce qui l'a suivie pour se rendre compte à quel point Ionesco a été soucieux de la forme et de l'optique théâtrale.

D'abord par l'importance très grande accordée au *dialogue*. Après l'apparition du premier rhinocéros, dans la nouvelle, Ionesco dit simplement : « *Les promeneurs commentèrent l'événement, puis se dispersèrent.* » Au théâtre, nous entendons ces commentaires, qui manifestent comme nous l'avons vu la bêtise et l'aveuglement des habitants.

De même les méditations de Moi dans la nouvelle sur la nécessité de se cultiver sont remplacées par un dialogue savoureux. C'est Jean qui conseille à Bérenger d'aller visiter des musées et d'aller entendre des pièces de théâtre, ce qui est d'abord beaucoup plus vivant, et surtout accentue le ridicule et la mauvaise foi de Jean, et par conséquent la faillite de ce que nous avons appelé l'humanisme traditionnel.

L'épisode du chat écrasé, qui prélude aux exemples absurdes du logicien, est beaucoup plus développé, et chaque proposition de notre philosophe est entrecoupée au théâtre par les « répons » ou les réflexions stupides du « chœur ».

La vaine controverse sur le pays d'origine du rhinocéros est aussi plus appuyée dans la pièce, au début de l'acte II.

En second lieu, l'évolution des *personnages* est beaucoup mieux préparée et expliquée, celle de Jean d'abord, puis celle de Dudard, de Daisy, et surtout de Bérenger au troisième acte de la pièce. Ce n'est que dans celle-ci que les deux hommes s'affrontent et s'opposent, et qu'on entend cette longue conversation qui nous montre à quel point Bérenger a changé depuis le début.

Il y a enfin un grand nombre de *problèmes techniques* qui se sont posés à l'auteur, quand il a troqué la forme narrative pour la forme dramatique, mais comme ils regardent encore plus le metteur en scène que l'auteur, nous nous bornerons à les évoquer rapidement.

La principale difficulté consistait à suggérer la présence d'un, puis de deux rhinocéros, et ensuite leur hallucinante prolifération dans la ville.

Sur le premier point, on sait que le public ne doit pas voir les rhinocéros, mais constater seulement les effets de leur passage. Un bruitage approprié (un galop précipité et lourd, des barrissements), un nuage de poussière, accompagnés surtout de la mimique de ceux des habitants qui, eux, voient le monstre, suffisent au premier acte. Au premier tableau du deuxième acte, il est déjà plus délicat - si l'on peut dire - de faire croire à la présence du rhinocéros dans l'escalier qui s'effondre ensuite sous les coups de boutoir du pachyderme.

Mais le véritable problème commencera au deuxième tableau, avec la transformation à vue de Jean. C'est pourquoi, très ingénieusement, Ionesco a prévu le cabinet de toilette attenant à la chambre. C'est là que Jean, qui y va sous le prétexte de « se rafraîchir », peut en quelques secondes modifier son apparence : un coup de peinture verte, une corne qui s'allonge au fur et à mesure de ces brèves stations, une attitude et une voix qui changent, et le tour est joué. Au fond, c'est surtout une question d'acteurs. Le spectateur ne demande qu'à croire que la transformation est en train de s'accomplir.

A partir de ce moment, tout doit aller très vite. Bérenger a réussi à fermer la porte du cabinet de toilette, mais une corne du rhinocéros a traversé la cloison qui est ébranlée sous la poussée continuelle de l'animal. Bérenger essaye de fuir, cependant qu'à toutes les portes de l'immeuble, et parcourant les rues, à toute vitesse, apparaissent des têtes et des cornes de rhinocéros. Il y a là - pour le metteur en scène - un dosage difficile entre le réalisme et la stylisation. Il faut faire peur, en donnant l'impression que toutes les issues sont bouchées, et que les rhinocéros sont partout, mais il n'est pas nécessaire - et il serait même impossible - que les animaux apparaissent en entier. Là encore le jeu de l'acteur - Bérenger ici - est primordial, ainsi que le rythme et le vacarme de l'ensemble.

Car dans le *cauchemar* inventé par Ionesco, ce serait une erreur de croire que la transformation des hommes en rhinocéros exige une similitude parfaite avec l'animal. Un détail suffit parfaitement. On peut voir un homme « ayant une grande corne au-dessus du nez », puis une femme « ayant toute la tête d'un rhinocéros ». Comme dans les rêves, tout est possible, et nous pouvons très bien imaginer du reste que la mutation n'est pas terminée.

Ou qu'elle change elle-même de forme et de signe. C'est ce qui se passe très curieusement au dernier acte. Tous les bruits effrayants se sont musicalisés, comme si *un ordre nouveau* commençait à régner. Toutes les têtes de rhinocéros, celles d'abord qui sont vues par Daisy, celles mêmes qui sont vues ensuite par Bérenger, sont devenues belles. Et, par contraste, les tableaux que Bérenger va accrocher, et qui représentent des humains, sont d'une sinistre laideur. Ce n'est plus la menace et la terreur que doivent évoquer les rhinocéros, mais un charme étrange et quasi magique. Bérenger n'en aura que plus de mérite à résister à « l'opération séduction ».

En fait, tout dépend de l'idée que le metteur en scène se fait de la pièce et des intentions de l'auteur. On sait que la pièce a eu des centaines de représentations en France, en Allemagne, aux États-Unis; d'autres nombreuses en Angleterre, Italie, Pologne, Israël, Scandinavie, Tchécoslovaquie, Yougoslavie, Hollande, Japon, etc. Il peut être intéressant de comparer certaines d'entre elles : d'après celles que nous avons eu la bonne fortune de voir nous-même - la représentation du Théâtre de France à Paris et du Schauspielhaus de Düsseldorf - et celles dont nous avons lu des comptes rendus dans la presse, il semble qu'on puisse les classer en trois groupes : les mises en scène qui ont fait de *Rhinocéros* surtout une pièce comique, celles qui en ont fait une pièce grave - drame ou tragédie -; enfin, celles qui ont fait la part des choses, et tenté d'équilibrer le tragique et le comique, ou plutôt de faire sortir le tragique du comique lui-même. Nous n'insisterons pas sur le premier parti pris : il nous paraît insoutenable, et Ionesco a suffisamment accablé de son ironie les représentations données à New York - avec un grand succès du reste - pour que nous n'ayons pas à revenir sur ce point. Faire de *Rhinocéros* une pièce drôle est un contresens.

Il est beaucoup moins illégitime d'en faire une tragédie. Exposer la montée progressive des périls au milieu de l'inconscience générale, insister sur le drame de Bérenger, qui est aussi bien un drame de la solitude qu'un drame de l'engagement, montrer la transformation quasi irrésistible des hommes en rhinocéros, et insister sur l'horreur et l'épouvante, tel est bien un des propos essentiels de Ionesco, tel est le but du Schauspielhaus de Düsseldorf. Comme on le sait, c'est dans cette ville que fut créée la pièce en 1959, dans la mise en scène de Karl Meinz Stroux, avec Karl M. Schley dans le rôle de Bérenger, et c'est à Paris au Théâtre des Nations que cette même troupe est venue la jouer en avril 1960. Et l'on a eu instantanément l'impression que l'œuvre de Ionesco avait trouvé son climat, qu'elle désignait expressément le danger par son nom : le nazisme, qu'elle était une dénonciation et une mise en garde. Telle a été aussi l'intention du metteur en scène en Pologne et en Italie.

Il nous semble pourtant que c'est négliger un aspect également important de la pièce, qui a été justement mis en valeur par la mise en scène de Jean-Louis Barrault au Théâtre de France, et celle d'Orson Welles au Royal Court de Londres en particulier. Ils ont compris, sans négliger le comique et la bouffonnerie - si manifestes au premier acte -, qu'il fallait les faire servir au drame, et qu'ils sont indispensables comme nous avons essayé de le montrer. Il faut que la banalité ou l'absurdité des propos nous fassent rire d'abord pour que nous comprenions ensuite avec quelle facilité les habitants de la ville se sont transformés en rhinocéros. IL FAUT QUE LA DÉMENCE DES SYLLOGISMES DU LOGICIEN NOUS PRÉPARE A UN MONDE QUI A PERDU LE PLUS ÉLÉMENTAIRE BON SENS, ET OU LES HOMMES S'APPRÊTENT A TRAHIR APRÈS LES MOTS. C'est le comique qui nous rend sensibles à la vraie tragédie de *Rhinocéros* : que des hommes soient exposés tous les jours à une mutation aussi effrayante, et l'envisagent avec sérénité! Plusieurs critiques londoniens ont évoqué Charlie Chaplin, en faisant l'éloge du jeu de Sir Laurence Olivier. On ne saurait mieux dire : le génial petit homme connaissait aussi la recette. Il savait faire surgir le tragique d'une situation, d'un geste, d'un mouvement, voire d'un mot qui d'abord avait déclenché le rire. Cela n'empêche pas les metteurs en scène français et anglais d'avoir souligné quand il le fallait les effets du tragique pur, par exemple Barrault en mêlant aux barrissements des fauves des refrains de l'occupation nazie, ou des bruits de bottes, et Orson Welles en utilisant certains effets de cinéma ou de télévision pour nous montrer les troupeaux de rhinocéros que l'on ne fait qu'entendre par ailleurs.

Tout demeure en définitive une question d'équilibre : un dosage entre le comique et le tragique comme entre le réalisme pittoresque et la stylisation. Nous demeurons persuadé que la pièce participe des deux genres, comme des deux styles. Ionesco l'a voulu ainsi : c'est une farce terrible. Il n'y a donc pas lieu de reprocher aux acteurs du Théâtre de France d'accentuer « *le côté mi-Labiche, mi-Kafka de la pièce* », comme le fait un critique, puisque c'est ainsi selon nous qu'ils doivent jouer.

Conclusion

La méthode et l'art de Ionesco peuvent surprendre et même causer parfois une sorte de gêne : il nous faut les accepter pourtant comme l'expression d'une certaine pudeur. Nous ne pensions tout de même pas qu'il allait brusquement emboucher la trompette, et faire résonner le tambour ! Oui, il a choisi d'évoquer des événements graves, en dénonçant la violence totalitaire, mais il n'est pas homme à appeler les choses et les êtres par leur nom, à nommer Hitler ou Staline, à parler de la Pologne ou de la Hongrie, à mentionner l'occupation de la Rhénanie, de la Tchécoslovaquie, Oradour, les camps de concentration et le massacre des Juifs ! Ce sont tous ces souvenirs pourtant, tous ces morts qu'il suscite. Plus encore : il stigmatise l'indifférence ou l'apathie - malgré quelques révoltes locales - que ces événements ont rencontrées dans le monde, et montre avec quelle dérisoire facilité l'imposture peut s'installer sur le trône ; c'est donc bien un avertissement que Ionesco a voulu donner aux hommes. Il veut les mettre en mesure de résister à un phénomène d'envoûtement ou de possession qui commence par une maladie du langage. Et qui ne se rappelle que c'est par une déformation du sens des mots qu'a toujours pu s'installer la dictature ? C'est donc par le truchement du comique qu'il a choisi de mettre en garde ses contemporains.

C'est aussi la raison pour laquelle ce n'est qu'à la fin de la pièce que Bérenger se décide. Son instinct a - comme nous l'avons vu - triomphé de justesse : on dirait que l'auteur a répugné jusqu'au dernier moment à faire de lui le bon héros, celui qui nous indique comme dans les tragédies classiques le choix qui s'impose. Car Ionesco ne veut pas pontifier. Plus que sur l'exemple de Bérenger, c'est sur la démission du reste de l'humanité qu'il insiste. « A qui se fier ? », tel est le mot que se répète désespérément Bérenger tandis qu'autour de lui, à qui mieux mieux, et pour des raisons différentes, se multiplient les conversions. Personne n'est exempt, personne n'est miraculeusement immunisé ; ni la sagesse, ni la science ne vous mettent à l'abri. La bonté même... Seul un obscur instinct peut-être peut nous préserver. Mais pour combien de temps ? Si l'on y réfléchit, Bérenger et sa carabine ne résisteront pas longtemps aux cornes et aux crocs de millions de rhinocéros prêts à le déchirer, quand ils auront dévoilé la sauvagerie de leur nature.

Dès lors, que nous dit Ionesco ? Que dans tout homme, il y a un rhinocéros qui sommeille, qu'un rien peut faire de nous une bête féroce. Regardez deux automobilistes, dont l'un vient de prendre la place de stationnement que convoitait l'autre. La haine et l'envie de tuer se lisent dans leurs yeux. Deux rhinocéros. - En plein Paris ? - Ça alors. - Oh ! ça alors. - Vous avez vu ? - Ça alors !

APRÈS « RHINOCÉROS »

Bérenger a survécu. Ayant échappé sans doute au couteau du Tueur, comme aux cornes des rhinocéros, il réapparaîtra dans *Le Roi se meurt* et *Le Piéton de l'air*, et bien qu'il ait changé d'identité, c'est le même personnage qui, sous le nom de Jean, sera le héros de *La Soif et la Faim*. Mais ces trois dernières pièces - respectivement représentées à Paris en 1962, 1963 et 1966 - nous offrent un aspect assez différent de Ionesco. On a vu comment l'auteur s'était engagé sur le terrain de la politique, et avait amené son héros à « choisir la liberté ». Dès lors la question était posée : Ionesco allait-il continuer dans cette voie, et dénoncer avec plus de vigueur encore les totalitarismes menaçants, ou retournerait-il à son obsession fondamentale, celle de la mort inéluctable, celle de l'écroulement final et du désastre de toute existence ? Les pièces postérieures à *Rhinocéros* ne laissent pas de doute à cet égard : elles représentent un retour en arrière, un prolongement de l'esthétique des *Chaises* ou de *Amédée ou comment s'en débarrasser*.

Bérenger, dans *Le Roi se meurt*, est un vieillard frustré et bafoué qui, au milieu des ruines de son royaume et de son

autorité, a la soudaine révélation de *sa* mort et de l'effondre-
ment de toutes ses illusions. Ce monarque qui clame sa
détresse et son épouvante avec des accents qui rappellent
parfois ceux du Roi Lear est un symbole de l'angoisse de
l'homme devant sa condition, non de la résistance d'un citoyen
à la tyrannie qui pèse sur les âmes.

Insérée dans un tout autre climat, la pièce suivante,
Le Piéton de l'air, n'en est pas moins significative de ce
revirement. Bérenger, auteur dramatique cette fois, est
devenu incapable d'écrire depuis qu'il sait qu'il va mourir.
Il veut donc vaincre la condition humaine et « guérir de la
mort ». On retrouve ici une idée de Ionesco qui circulait
déjà dans *Amédée ou comment s'en débarrasser*. De même
qu'Amédée réussissait à quitter la terre et à s'envoler, de
même Bérenger se met à voguer allégrement - ou à pédaler -
à travers les espaces infinis. Toute cette première partie
- située dans l'écrin de la campagne anglaise - représente cet
idéal de légèreté que l'auteur oppose à l'épaisseur du monde
et à la pesanteur de nos chaînes terrestres. Hélas ! Bérenger
revient de son périple. Dans quel état ! Finie l'exaltation,
évanouie l'illusion de la liberté recouvrée. Le rêve merveilleux
s'est mué en cauchemar. Bérenger ne rapporte que des visions
d'Apocalypse : gouffre insondable, abîmes de sang, tel est
le paysage de l'au-delà.

C'est encore le thème de l'impossible évasion qui est à
la base de la pièce *La Soif et la Faim* représentée à la Comédie-
Française en 1966. Comme Bérenger, le principal personnage,
appelé ici Jean, est un être simple, sans grande envergure,
qui n'arrive pas à s'habituer à la vie, et veut échapper à la
monotonie du quotidien et au vide de son existence. Un
beau jour, sans écouter les lamentations de sa femme, il
abandonnera son foyer, imaginant qu'il a rendez-vous avec
son rêve. Mais ni la femme idéale, ni personne, ne viendra
le retrouver sur la terrasse ensoleillée où sa pérégrination l'a
conduit. Non seulement sa « *soif* » et sa « *faim* » ne seront
pas apaisées, mais c'est lui qui sera chargé de servir à manger
et à boire à l'étrange confrérie qui l'a recueilli après son
voyage. Un nouvel et dramatique échec termine ainsi cette
quête de l'absolu qui, pour pathétique et sincère qu'elle
soit, n'en tourne pas moins le dos aux préoccupations qui
étaient celles de Ionesco quand il écrivit *Rhinocéros*.

Jeux de massacre est aussi une pièce métaphysique : initialement son titre devait être *Le triomphe de la mort*. Elle fut créée en 1970 à Düsseldorf. Dans une ville heureuse survient une épidémie ; on décrète l'état de siège : personne ne peut plus y entrer ni en sortir ; les maisons infectées sont condamnées ; des gardes abattent ceux qui contreviennent aux ordres ; des infirmiers masqués achèvent les mourants ; les cadavres s'amoncellent dans les rues. Les passions alors se donnent libre cours ; la peur, l'égoïsme, la lâcheté, la cruauté, la cupidité s'avouent sans fard. Chacun suspecte et dénonce tout le monde ; on cherche des responsables, des coupables ; les superstitions renaissent. Quand enfin l'épidémie recule, sans raison, comme elle était venue, un gigantesque incendie ravage la ville et les rescapés de la peste périssent dans les flammes, « pris au piège, comme des rats » : pour tous la mort est la seule loi, le seul destin.

Ionesco renouvelle ici sa manière. Il n'y a ni « héros », ni intrigue, ni progression dramatique. Les scènes se succèdent sans autre lien que la hantise de la mort, représentée par un moine noir qui circule entre les personnages, invisible, sauf des spectateurs. Parfois l'espace du théâtre est divisé : deux scènes se déroulent simultanément. Cette suite de tableaux compose une fresque. Certains moments du spectacle sont mimés ; ailleurs tout est dans le jeu de la lumière et du décor ; il y a des répliques chantées ; le dialogue n'est plus qu'un accessoire de la mise en scène. La technique emprunte à la pantomime, au ballet, au cirque, au guignol.

Ionesco s'est inspiré de *La peste* de Camus. Mais Camus, dans son récit, croit à la générosité, dit sa foi dans la solidarité humaine pour triompher du mal ; il refuse finalement l'idée d'un monde « absurde ». Chez Ionesco, au contraire, la mort a le dernier mot : elle frappe au hasard, sans justification ni rémission ; elle n'est ni un châtiment, ni une promesse d'au-delà ; elle est le tragique de la condition humaine. Certes la pièce s'offre comme une farce ; le titre l'indique ; mais le rire ne cache pas l'effroi. Ionesco nous dit que le monde est absurde, absurde sans rachat. « Pour que la vie ait un sens, il faudrait guérir de la mort ».

Dans *Macbett*, créé à Paris le 31 janvier 1972, Ionesco

revient à des préoccupations politiques. Le thème de la pièce est l'ambition, l'appétit du pouvoir, la «libido dominandi». Le sujet, bien sûr, est celui du *Macbeth* de Shakespeare : un grand seigneur courageux, désintéressé, loyal, se laisse prendre aux séductions de trois sorcières qui lui promettent la puissance; il complote contre son maître, l'archiduc Duncan, pour s'emparer de son trône et épouser sa femme; grisé et corrompu par le succès, il tue son ami Banco, en qui il redoute un rival, se conduit en tyran capricieux (comme Duncan, inaugure un règne d'arbitraire et d'iniquité jusqu'à ce qu'il périsse à son tour, tué par le fils de Banco, Macol, qui, dès son accession au trône, laisse éclater sa cruauté (comme Macbett) et renchérit sur la tyrannie de ses prédécesseurs.

Ionesco pratique ici délibérément la réécriture parodique. Il reprend à Shakespeare les personnages, la situation, le canevas de l'intrigue; il transcrit même directement certaines répliques. Mais la parodie éclate dans les distorsions, les outrances et les dissonances : les noms sont déformés, le jeu est farcesque, les propos sont exagérés ou vulgaires; certaines scènes sont répétées (un monologue de Macbett est suivi du même monologue par Banco; le dialogue initial de Glamiss et Candor complotant contre Duncan est repris mot pour mot par Macbett et Banco lorsqu'ils décident de trahir leur maître). En outre la pièce comporte des scènes, des personnages, des accessoires anachroniques : un chasseur de papillons, un vendeur de limonade, un chiffonnier, des guillotines, des crépitements de mitrailleuses. Ces outrances et ces anachronismes ont un sens; cette pièce, où se devine un esprit libertaire, veut témoigner que la tyrannie est de tous les temps, que le pouvoir est dangereux et néfaste et que ceux qui y aspirent sont toujours, à quelque degré, paranoïaques.

Ce formidable bordel, créé à Paris en 1973, est l'adaptation d'un roman écrit la même année, *Le solitaire*. Le héros anonyme de la pièce, le «Personnage», vient de faire un héritage et quitte l'emploi de commis de bureau où il croupit depuis quinze ans; son patron, ses collègues fêtent ce départ en cachant mal leur envie et leur rancœur. Puis le Personnage s'installe dans un nouvel appartement, reçoit la visite des voisins qui l'accablent de commérages. Il va ensuite déjeuner au «bistrot» du coin tandis qu'éclate une révolution. La serveuse du café tombe amoureuse de lui, le quitte au bout de quatre ans, et il vieillit doucement, «solitaire», entouré des ombres de ceux qu'il a connus.

La pièce est un carrousel vertigineux où défilent des employés, des ouvriers, des gargotiers, des concierges, des retraités de banlieue, un émigré russe, des révolutionnaires – chacun avec ses préoccupations, ses manies, ses passions et ses candeurs, ses tics de langage. De «ce formidable bordel», le Personnage, silencieux, est un témoin plus qu'un acteur. Ses rares réflexions témoignent des sentiments qu'il éprouve : une immense lassitude, l'émerveillement devant le quotidien, l'angoisse et l'extase de la vie. On reconnaît les thèmes de la psychologie et de la métaphysique de Ionesco. En dépit des recherches de mise en scène – jeu des acteurs, changements de décors, bruitages, effets de lumière – la pièce, par ses images scéniques et le traitement du temps dramatique, reste très proche du récit dont elle est tirée et s'offre comme une œuvre essentiellement lyrique.

Avec les dernières pièces, *Exercices de conversation et de diction française pour étudiants américains* et *L'homme aux valises,* on voit s'accentuer la tendance de Ionesco à la dramaturgie onirique. L'allure est totalement libre, les traits guignolesques s'accumulent. C'est véritablement la synthèse de ce qu'on peut appeler la «dernière manière» de Ionesco.

Annexes

▶ Quelques jugements critiques

• De Ionesco (Conférence prononcée à la Sorbonne en mars 1960) :

« *Quelque temps après la parution d'un article très élogieux (d'un critique anglais) sur* Les Chaises, *je rencontre celui-ci chez un ami. Je lui exprime mes remerciements, une conversation s'engage au cours de laquelle il me déclare, soudain, que je pouvais être, si je le voulais bien, le plus grand auteur de théâtre actuel :* « Je ne demande pas mieux », *lui dis-je fiévreusement,* « donnez-moi vite la recette. » – « C'est bien simple », *me répondit-il,* « on attend de vous que vous nous délivriez un message. Pour le moment, vos pièces n'apportent pas le message que nous espérons de vous. Soyez brechtien et marxiste ! »*

« *Je répondis que ce message avait déjà été apporté ; qu'il était donc connu, adopté par les uns, répudié par les autres... et que n'apportant rien de neuf je ne pourrais certainement pas devenir, comme il le disait,* ''le plus grand auteur contemporain''. »

• De Ionesco, dans la même conférence[1] :

« *Si un auteur assez naïf pouvait encore nourrir l'espoir de se faire des amis prompts à le censurer et de la critique desquels il voudrait profiter pour être éclairé sur son propre métier, et s'il était l'auteur de la pièce* Rhinocéros, *son esprit s'emplirait de confusion et de désespoir, tellement les avis au sujet de cette pièce différaient du tout au tout (...) Enfin, les uns ont reproché à l'auteur d'avoir fait un théâtre engagé, et d'apporter un* « message », *tandis que d'autres l'ont loué pour les mêmes raisons, tandis que d'autres encore concluaient qu'il n'y avait pas de message, ce qui est un bien, selon celui-ci, un mal, selon celui-là ! ».*

• De Jacques Lemarchand, dans *Le Figaro Littéraire* du 30 janvier 1960 :

« Rhinocéros *est une œuvre claire, très claire...* Rhinocéros *dit les choses si limpidement – encore que ce soit sous la forme de l'allégorie –*

---

1. Ces textes sont tirés de *Notes et contre-notes.*

qu'il faudrait vraiment s'avouer bien benêt pour ne pas les entendre. Et il me paraît, les ayant entendues, qu'elles ne peuvent qu'intéresser la sensibilité (…) Cette lucide revendication de l'homme qui se veut libre, contre l'adhésion que donnent tant d'autres à ce qui les écrase, est affirmée par Ionesco avec une vigueur et une volonté sur lesquelles l'ironie qu'il y mêle, et le burlesque, et l'humour, ne peuvent tromper.»

● De Ionesco (*Les Nouvelles Littéraires*, 1960) :

« Le comique, dans mes pièces, n'est souvent qu'une étape de la construction dramatique, et même un moyen de construire ma pièce. Il devient de plus en plus un outil, pour faire contrepoint avec le drame ; c'est visible, dans La Leçon.
— On pourrait ainsi arriver à une définition du comique qui vous serait propre ?
— Oui… Je crois que c'est une autre face du tragique.»

● Du même (*Le Monde*, 19 janvier 1960) :

« Ce sont toujours quelques consciences isolées qui ont représenté contre tout le monde la conscience universelle. Les révolutionnaires eux-mêmes étaient au départ isolés. Au point d'avoir mauvaise conscience, de ne pas savoir s'ils avaient tort ou raison. Je n'arrive pas à comprendre comment ils ont trouvé eux-mêmes le courage de continuer tout seuls. Ce sont des héros. Mais dès que la vérité pour laquelle ils ont donné leur vie devient vérité officielle, il n'y a plus de héros, il n'y a plus que des fonctionnaires doués de la prudence et de la lâcheté qui conviennent à l'emploi. C'est tout le thème de Rhinocéros.»*

● Du même (*Arts*, 1961) :

« Certains critiques me reprochent d'avoir dénoncé le mal mais de ne pas avoir dit ce qu'était le bien. On m'a reproché de ne pas avoir fait dire à Bérenger au nom de quelle idéologie il résistait. On s'imagine que ce reproche est fondamental : pourtant, il est si facile d'adopter un système plus ou moins automatique de pensée (…).
Personnellement, je me méfie des intellectuels qui depuis une trentaine d'années ne font que propager les rhinocérites et qui ne font que soutenir philosophiquement les hystéries collectives dont des peuples entiers deviennent périodiquement la proie. Les intellectuels ne sont-ils pas les inventeurs du nazisme ? Si j'opposais une idéologie toute faite à d'autres idéologies toutes faites, qui encombrent les cervelles, je ne ferais qu'opposer un système de slogans rhinocériques à un autre système de slogans rhinocériques.»

• De Bernard Dort, dans *Les Temps Modernes*, n°171, juin 1960 :

« *Toute une part et non la moindre de notre art occidental (auquel Brecht qui en est, certes, l'héritier, s'oppose ici absolument) est fataliste, voire manichéenne : elle postule l'irréductibilité du Mal, sa victoire finale ; elle est un abandon au Mal, dans l'espoir d'une catharsis, d'un ultime renversement, d'une victoire sur le Mal par le Mal. L'œuvre d'un des plus farouches adversaires de Brecht, Ionesco — celui-ci ne perd pas une occasion d'exprimer le mépris dans lequel il tient le théâtre de Brecht, y voyant le triomphe d'un esprit « primaire et totalitaire », bref d'un « Prussien » —, est caractéristique de cette tentation qui constitue le sujet même de ses deux dernières pièces :* Le Tueur sans gages *et* Rhinocéros. »

Nous ne croyons pas utile de mentionner ici tous les articles et études qu'ont suscités les pièces de Ionesco, surtout à partir de 1956, tant en France qu'à l'étranger. Nous nous bornerons à signaler quelques-uns de ceux qui ont été écrits après le 22 janvier 1960, donc tenant compte directement ou indirectement de *Rhinocéros*.

I. ARTICLES ET ÉTUDES

DUSSANE : *Mercure de France*, juillet 1959 - le livre venait de paraître en librairie.

POIROT-DELPECH BERTRAND : *Le Monde*, 24-25 janvier 1960.

GAUTIER JEAN-JACQUES : *Le Figaro*, 26 janvier 1960.

DUMUR GUY : *Arts*, 20-26 janvier 1960.

KANTERS ROBERT : *L'Express*, 28 janvier 1960.

LEMARCHAND JACQUES : *Le Figaro Littéraire*, 30 janvier 1960.

Cahiers de la Cie MADELEINE RENAUD - J.-L. BARRAULT : 29 février 1960, *Ionesco, les rhinocéros au théâtre* (Julliard); voir également les n°s 42 (1963), 53 (1966) et le n° 97 (Gallimard, 1978).

BOURGET-PAILLERON R. : *Revue des Deux Mondes*, 15 février 1960.

DOUBROVSKY SERGE : *N.R.F.*, février 1960.

MAULNIER THIERRY : *Revue de Paris*, mars 1960.

ABIRACHED ROBERT : *Études*, mars 1960.

SCHERER JACQUES : *Lettres nouvelles*, mars-avril 1960.

SIMON ALFRED : *Esprit*, avril 1960.

VIANU HÉLÈNE : *Revue des Sc. Humaines*, janvier-mars 1965.

IONESCO EUGÈNE : *Le Monde*, 13 janvier 1960. *Le Figaro Littéraire*, 4 août 1969.

REVZINE OLGA ET ISAAK : Expérimentation sémiotique chez Eugène Ionesco, *Sémiotica*, 1971-IV, 3.

GUÉRIN JEAN-YVES : *N.R.F.*, 1er septembre 1979, n° 323 (*Des rhinocéros et des hommes*).

II. QUELQUES OUVRAGES RÉCENTS

Ici encore, nous nous bornerons à citer quelques livres de base écrits après la représentation de *Rhinocéros*.

Bien entendu, l'ouvrage fondamental pour connaître et comprendre la pensée de Ionesco demeure *Notes et contre-notes*. Nous signalons particulièrement les passages consacrés par l'auteur à *Rhinocéros* p. 52 à 59, 97 à 103 (passim), p. 129, p. 176-177 et 182 à 188.

Sur le théâtre d'avant-garde en général, on pourra lire :

ESSLIN M. : *Le théâtre de l'absurde* (Buchet-Chastel, 1963).
PRONKO LÉONARD C. : *Théâtre d'avant-garde* (Denoël, 1963).
CORVIN MICHEL : *Le théâtre nouveau en France* (P.U.F., 1963).
SURER PAUL : *Le théâtre français contemporain* (Société d'édition et d'enseignement supérieur, 1964).
JACQUARD EMMANUEL : *Le théâtre de dérision : Beckett, Ionesco, Adomov* (Gallimard, 1974).

Sur Ionesco, on trouvera d'utiles renseignements dans les ouvrages suivants :

ABASTADO CLAUDE : *Ionesco* (coll. «Présence Littéraire» - Bordas, 1971).
Analyse détaillée de toutes les pièces, excellente synthèse, entretien de l'auteur avec Ionesco.
DONNARD J.-H. : *Ionesco dramaturge* (Lettres modernes, 1966).
SÉNART PHILIPPE : *Ionesco* (Classiques du XXe siècle - Éditions Universitaires, 1964).
BENMUSSA SIMONE : *Ionesco* (Seghers, 1966).
BONNEFOY CLAUDE : *Entre la vie et le rêve, entretiens avec E. Ionesco* (Belfond, 1966).
TARRAB GILBERT : *Ionesco à cœur ouvert* (Montréal, 1970).
VERNOIS PAUL : *La dynamique théâtrale d'Eugène Ionesco* (Klincksieck, 1972).
SAINT TOBI : *Eugène Ionesco, ou à la recherche du paradis perdu* (Gallimard, 1973).
Les critiques de notre temps et Ionesco (Garnier, 1973).
Ionesco, situation et perspectives, Colloque de Cerisy-la-Salle (Belfond, 1980).

Et de Ionesco lui-même, outre ses journaux, on consultera avec profit les numéros 294, 296, 298, 303 et 307 de la N.R.F. (1977-1978), qui comportent des articles de l'auteur sur sa vie et son œuvre.

« Rhinocéros [1] »

une nouvelle d'Eugène Ionesco

Nous discutions tranquillement de choses et d'autres, à la terrasse du café, mon ami Jean et moi, lorsque nous aperçûmes, sur le trottoir d'en face, énorme, puissant, soufflant bruyamment, fonçant droit devant lui, frôlant les étalages, un rhinocéros. A son passage, les promeneurs s'écartèrent vivement pour lui laisser le chemin libre. Une ménagère poussa un cri d'effroi, son panier lui échappa des mains, le vin d'une bouteille brisée se répandit sur le pavé, quelques promeneurs, dont un vieillard, entrèrent précipitamment dans les boutiques. Cela ne dura pas le temps d'un éclair. Les promeneurs sortirent de leurs refuges, des groupes se formèrent qui suivirent du regard le rhinocéros déjà loin, commentèrent l'événement, puis se dispersèrent.

Mes réactions sont assez lentes. J'enregistrai distraitement l'image du fauve courant, sans y prêter une importance exagérée. Ce matin-là, en outre, je me sentais fatigué, la bouche amère, à la suite des libations de la veille : nous avions fêté l'anniversaire d'un camarade. Jean n'avait pas été de la partie; aussi, le premier moment de saisissement passé :

– Un rhinocéros en liberté dans la ville! s'exclama-t-il, cela ne vous surprend pas? On ne devrait pas le permettre.

– En effet, dis-je, je n'y avais pas pensé. C'est dangereux.

– Nous devrions protester auprès des autorités municipales.

– Peut-être s'est-il échappé du Jardin zoologique, fis-je.

– Vous rêvez! me répondit-il. Il n'y a plus de Jardin zoologique dans notre ville depuis que les animaux ont été décimés par la peste au XVIIe siècle.

– Peut-être vient-il du cirque?

– Quel cirque? La mairie a interdit aux nomades de séjourner sur le territoire de la commune. Il n'en passe plus depuis notre enfance.

– Peut-être est-il resté depuis lors caché dans les bois marécageux des alentours, répondis-je en bâillant.

1. Extraite de *La Photo du colonel*. © Éd. Gallimard.

- Vous êtes tout à fait dans les brumes épaisses de l'alcool...
- Elles montent de l'estomac...
- Oui. Et elles vous enveloppent le cerveau. Où voyez-vous des bois marécageux dans les alentours ? Notre province est surnommée la Petite Castille, tellement elle est désertique.
- Peut-être s'est-il abrité sous un caillou ? Peut-être a-t-il fait son nid sur une branche desséchée ?
- Vous êtes ennuyeux avec vos paradoxes. Vous êtes incapable de parler sérieusement.
- Aujourd'hui surtout.
- Aujourd'hui autant que d'habitude.
- Ne vous énervez pas, mon cher Jean. Nous n'allons pas nous quereller pour ce fauve...

Nous changeâmes de sujet de conversation et nous nous remîmes à parler du beau temps et de la pluie qui tombait si rarement dans la région, de la nécessité de faire venir, dans notre ciel, des nuages artificiels et d'autres banales questions insolubles.

Nous nous séparâmes. C'était dimanche. J'allai me coucher, dormis toute la journée : encore un dimanche de raté. Le lundi matin j'allai au bureau, me promettant solennellement de ne plus jamais m'enivrer, surtout le samedi, pour ne pas gâcher les lendemains, les dimanches. En effet, j'avais un seul jour libre par semaine, trois semaines de vacances en été. Au lieu de boire et d'être malade, ne valait-il pas mieux être frais et dispos, passer mes rares moments de liberté d'une façon plus intelligente ? Visiter les musées, lire des revues littéraires, entendre des conférences ? Et au lieu de dépenser tout mon argent disponible en spiritueux, n'était-il pas préférable d'acheter des billets de théâtre pour assister à des spectacles intéressants ? Je ne connaissais toujours pas le théâtre d'avant-garde, dont on parlait tant, je n'avais vu aucune des pièces de Ionesco. C'était le moment ou jamais de me mettre à la page.

Le dimanche suivant, je rencontrai Jean, de nouveau, à la même terrasse.

- J'ai tenu parole, lui dis-je en lui tendant la main.
- Quelle parole avez-vous tenue ? me demanda-t-il.
- J'ai tenu parole à moi-même. J'ai juré de ne plus boire. Au lieu de boire, j'ai décidé de cultiver mon esprit. Aujourd'hui j'ai la tête claire. Cet après-midi je vais au musée municipal,

ce soir j'ai une place au théâtre. M'accompagnez-vous ?

— Espérons que vos bonnes intentions vont durer, répondit Jean. Mais je ne puis aller avec vous. Je dois rencontrer des amis à la brasserie.

— Ah, mon cher, c'est à votre tour de donner de mauvais exemples. Vous allez vous enivrer !

— Une fois n'est pas coutume, répondit Jean d'un ton irrité. Tandis que vous...

La discussion allait fâcheusement tourner, lorsque nous entendîmes un barrissement puissant, les bruits précipités des sabots d'un périssodactyle, des cris, le miaulement d'un chat ; presque simultanément nous vîmes apparaître, puis disparaître, le temps d'un éclair, sur le trottoir opposé, un rhinocéros soufflant bruyamment et fonçant, à toute allure, droit devant lui.

Tout de suite après, surgit une femme tenant dans ses bras une petite masse informe, sanglante :

— Il a écrasé mon chat, se lamentait-elle, il a écrasé mon chat !

Des gens entourèrent la pauvre femme échevelée qui semblait l'incarnation même de la désolation, la plaignirent.

— Si ce n'est pas malheureux, s'écriaient-ils, pauvre petite bête !

Jean et moi nous nous levâmes. D'un bond nous traversâmes la rue, entourâmes la malheureuse.

— Tous les chats sont mortels, fis-je stupidement, ne sachant comment la consoler.

— Il est déjà passé la semaine dernière devant ma boutique ! se souvint l'épicier.

— Ce n'était pas le même, affirma Jean. Ce n'était pas le même : celui de la semaine dernière avait deux cornes sur le nez, c'était un rhinocéros d'Asie, celui-ci n'en a qu'une : c'est un rhinocéros d'Afrique.

— Vous dites des sottises, m'énervai-je. Comment avez-vous pu distinguer les cornes ? Le fauve est passé à une telle vitesse, à peine avons-nous pu l'apercevoir ; vous n'avez pas eu le temps de les compter...

— Moi, je ne suis pas dans le brouillard, répliqua vivement Jean. J'ai l'esprit clair, je calcule vite.

— Il fonçait tête baissée.

— Justement, on voyait mieux.

- Vous n'êtes qu'un prétentieux, Jean. Un pédant, un pédant qui n'est pas sûr de ses connaissances. Car, d'abord, c'est le rhinocéros d'Asie qui a une corne sur le nez; le rhinocéros d'Afrique, lui, en a deux!

- Vous vous trompez, c'est le contraire.

- Voulez-vous parier?

- Je ne parie pas avec vous. Les deux cornes, c'est vous qui les avez, cria-t-il, rouge de colère, espèce d'asiatique! (Il n'en démordait pas.)

- Je n'ai pas de cornes. Je n'en porterai jamais. Je ne suis pas asiatique non plus. D'autre part, les Asiatiques sont des hommes comme tout le monde.

- Ils sont jaunes! cria-t-il, hors de lui.

Jean me tourna le dos, s'éloigna à grands pas, en jurant.

Je me sentais ridicule. J'aurais dû être plus conciliant, ne pas le contredire : je savais, pourtant, qu'il ne le supportait pas. La moindre objection le faisait écumer. C'était son seul défaut, il avait un cœur d'or, m'avait rendu d'innombrables services. Les quelques gens qui étaient là et nous avaient écoutés en avaient oublié le chat écrasé de la pauvre femme. Ils m'entouraient, discutaient : les uns soutenaient qu'en effet, le rhinocéros d'Asie était unicorne, et me donnaient raison; les autres soutenaient au contraire que le rhinocéros unicorne était africain, donnant ainsi raison à mon préopinant.

- Là n'est pas la question, intervint un monsieur (canotier, petite moustache, lorgnon, tête caractéristique du logicien) qui s'était tenu jusque-là de côté sans rien dire. Le débat portait sur un problème dont vous vous êtes écartés. Vous vous demandiez au départ si le rhinocéros d'aujourd'hui est celui de dimanche dernier ou bien si c'en est un autre. C'est à cela qu'il faut répondre. Vous pouvez avoir vu deux fois un même rhinocéros portant une seule corne, comme vous pouvez avoir vu deux fois un même rhinocéros à deux cornes. Vous pouvez encore avoir vu un premier rhinocéros à une corne, puis un autre ayant également une seule corne. Et aussi, un premier rhinocéros à deux cornes, puis un second rhinocéros à deux cornes. Si vous aviez vu la première fois un rhinocéros à deux cornes, la seconde fois un rhinocéros à une corne, cela ne serait pas concluant non plus. Il se peut que depuis la semaine dernière le rhinocéros ait perdu une de ses cornes et que celui d'aujourd'hui soit le même. Il se peut aussi que deux rhinocéros à deux cornes aient perdu tous les deux une de leurs cornes. Si vous pouviez prouver avoir vu, la première fois, un rhinocéros à une corne, qu'il fût asiatique ou africain, et aujourd'hui un rhinocéros à deux cornes, qu'il fût, peu importe, africain ou asiatique, à ce moment-là nous pourrions conclure que nous avons affaire à deux rhinocéros différents, car il est peu probable qu'une deuxième corne puisse pousser en quelques jours, de façon visible, sur le nez d'un rhinocéros ; cela ferait d'un rhinocéros asiatique ou africain, un rhinocéros africain ou asiatique, ce qui n'est pas possible en bonne logique, une même créature ne pouvant être née en deux lieux à la fois ni même successivement.

— Cela me semble clair, dis-je, mais cela ne résout pas la question.

— Évidemment, répliqua le monsieur en souriant d'un air compétent, seulement le problème est posé de façon correcte.

— Là n'est pas non plus le problème, repartit l'épicier qui, ayant sans doute un tempérament passionnel, se souciait peu de la logique. Pouvons-nous admettre que nos chats soient écrasés sous nos yeux par des rhinocéros à deux cornes ou à une corne, fussent-ils asiatiques ou africains ?

— Il a raison, c'est juste, s'exclamèrent les gens. Nous ne pouvons permettre que nos chats soient écrasés, par des rhinocéros ou par n'importe quoi !

L'épicier nous montra d'un geste théâtral la pauvre femme en larmes tenant toujours dans ses bras, et la berçant, la masse informe, sanguinolente, de ce qui avait été son chat.

Le lendemain, dans le journal, à la rubrique des chats écrasés, on rendait compte en deux lignes de la mort de la pauvre bête, « foulée aux pieds par un pachyderme », disait-on sans donner d'autres détails.

Le dimanche après-midi, je n'avais pas visité les musées ; le soir, je n'étais pas allé au théâtre. Je m'étais morfondu, tout seul, à la maison, accablé par le regret de m'être querellé avec Jean.

« Il est tellement susceptible, j'aurais dû l'épargner », m'étais-je dit. « C'est absurde de se fâcher pour une chose pareille... pour les cornes d'un rhinocéros que l'on n'avait jamais vu auparavant... un animal originaire d'Afrique ou d'Asie, contrées si lointaines, qu'est-ce que cela pouvait bien me faire? Tandis que Jean, lui, au contraire était un ami de toujours qui... à qui je devais tant... et qui... »

Bref, tout en me promettant d'aller voir Jean le plus tôt possible et de me raccommoder avec lui, j'avais bu une bouteille entière de cognac sans m'en apercevoir. Je m'en aperçus ce lendemain-là justement : mal aux cheveux, gueule de bois, mauvaise conscience, j'étais vraiment très incommodé. Mais le devoir avant tout : j'arrivai au bureau à l'heure, ou presque. Je pus signer la feuille de présence à l'instant même où on allait l'enlever.

- Alors, vous aussi vous avez vu des rhinocéros? me demanda le chef qui, à ma grande surprise, était déjà là.

- Bien sûr, je l'ai vu, dis-je, en enlevant mon veston de ville pour mettre mon vieux veston aux manches usées, bon pour le travail.

- Ah, vous voyez! Je ne suis pas folle! s'écria Daisy, la dactylo, très émue. (Qu'elle était jolie, avec ses joues roses, ses blonds cheveux. Elle me plaisait en diable. Si je pouvais être amoureux, c'est d'elle que je le serais...) Un rhinocéros unicorne!

- Avec deux cornes! rectifia mon collègue, Émile Dudard, licencié en droit, éminent juriste, promis à un brillant avenir dans la maison et, peut-être, dans le cœur de Daisy.

- Moi, je ne l'ai pas vu! Et je n'y crois pas! déclara Botard, ancien instituteur qui faisait fonction d'archiviste. Et personne n'en a jamais vu dans le pays, sauf sur les images dans les manuels scolaires. Ces rhinocéros n'ont fleuri que dans l'imagination des bonnes femmes. C'est un mythe, tout comme les soucoupes volantes.

J'allais faire remarquer à Botard que l'expression « fleurir » appliquée à un ou plusieurs rhinocéros me semblait impropre, lorsque le juriste s'écria :

- Il y a tout de même eu un chat écrasé, et des témoins !

- Psychose collective, répliqua Botard qui était un esprit fort, c'est comme la religion qui est l'opium des peuples !

- J'y crois, moi, aux soucoupes volantes, fit Daisy.

Le chef coupa court à la polémique :

– Ça va comme ça! Assez de bavardage! Rhinocéros ou non, soucoupes volantes ou non, il faut que le travail soit fait.

La dactylo se mit à taper. Je m'assis à ma table de travail, m'absorbai dans mes écritures. Émile Dudard commença à corriger les épreuves d'un commentaire de la loi sur la répression de l'alcoolisme, tandis que le chef, claquant la porte, s'était retiré dans son cabinet.

– C'est une mystification! maugréa encore Botard à l'adresse de Dudard. C'est votre propagande qui fait courir ces bruits!

– Ce n'est pas de la propagande, intervins-je.

– Puisque j'ai vu..., confirma Daisy en même temps que moi.

– Vous me faites rire, dit Dudard à Botard. De la propagande? Dans quel but?

– Vous le savez mieux que moi! Ne faites pas l'innocent!

– En tout cas, moi je ne suis pas payé par les Ponténégrins!

– C'est une insulte! fit Botard en tapant du poing sur la table.

La porte du cabinet du chef s'ouvrit soudain; sa tête apparut :

– M. Bœuf n'est pas venu aujourd'hui.

– En effet. Il est absent, fis-je.

– J'avais justement besoin de lui. A-t-il annoncé qu'il était malade? Si ça continue, je vais le mettre à la porte.

Ce n'était pas la première fois que le chef proférait de pareilles menaces à l'adresse de notre collègue.

– Quelqu'un d'entre vous a-t-il la clé de son secrétaire? poursuivit-il.

Juste à ce moment Mme Bœuf fit son entrée. Elle paraissait effrayée :

– Je vous prie d'excuser mon mari. Il est parti dans sa famille pour le week-end. Il a une légère grippe. Tenez, il le dit dans son télégramme. Il espère être de retour mercredi. Donnez-moi un verre d'eau... et une chaise! fit-elle, et elle s'écroula sur le siège que nous lui tendîmes.

– C'est bien ennuyeux! Mais ce n'est pas une raison pour vous affoler! observa le chef.

– J'ai été poursuivie par un rhinocéros depuis la maison jusqu'ici, balbutia-t-elle.

– Unicorne ou à deux cornes? demandai-je.

— Vous me faites rigoler! s'exclama Botard.

— Laissez-la donc parler! s'indigna Dudard.

Mᵐᵉ Bœuf dut faire un grand effort pour préciser :

— Il est là, en bas, à l'entrée. Il a l'air de vouloir monter l'escalier.

Au même instant, un bruit énorme se fit entendre : les marches de l'escalier s'effondraient sans doute sous un poids formidable. Nous nous précipitâmes sur le palier. En effet, parmi les décombres, tête basse, poussant des barrissements angoissés et angoissants, un rhinocéros était là qui tournait inutilement en rond. Je pus voir qu'il avait deux cornes.

— C'est un rhinocéros africain..., dis-je, ou plutôt asiatique.

La confusion de mon esprit était telle que je ne savais plus si la bicornuité caractérisait le rhinocéros d'Asie ou celui d'Afrique, si l'unicornuité caractérisait le rhinocéros d'Afrique ou d'Asie, ou si, au contraire, la bicornuité... Bref, je cafouillais mentalement, tandis que Botard foudroyait Dudard du regard.

— C'est une machination infâme! et, d'un geste d'orateur de tribune, pointant son doigt vers le juriste : C'est votre faute!

— C'est la vôtre! répliqua ce dernier.

— Calmez-vous, ce n'est pas le moment! déclara Daisy, tentant, en vain, de les apaiser.

— Depuis le temps que je demande à la Direction générale de nous construire des marches de ciment pour remplacer ce vieil escalier vermoulu! dit le chef. Une chose pareille devait fatalement arriver. C'était à prévoir. J'ai eu raison!

— Comme d'habitude, ironisa Daisy. Mais comment allons-nous descendre?

— Je vous prendrai dans mes bras! plaisanta amoureusement le chef en caressant la joue de la dactylo, et nous sauterons ensemble!

— Ne mettez pas sur ma figure votre main rugueuse, espèce de pachyderme!

Le chef n'eut pas le temps de réagir. Mᵐᵉ Bœuf qui s'était levée et nous avait rejoints, et qui fixait depuis quelques instants attentivement le rhinocéros tournant en rond au-dessous de nous, poussa brusquement un cri terrible :

— C'est mon mari! Bœuf, mon pauvre Bœuf, que t'est-il arrivé?

Le rhinocéros, ou plutôt Bœuf, répondit par un barrissement à la fois violent et tendre, tandis que Mme Bœuf s'évanouissait dans mes bras et que Botard, levant les siens, tempêtait :

- C'est de la folie pure! Quelle société!

**

Les premiers moments de surprise passés, nous téléphonâmes aux pompiers qui arrivèrent avec leurs échelles, nous firent descendre. Mme Bœuf, bien que nous le lui ayons déconseillé, partit sur le dos de son conjoint vers le domicile conjugal. C'était une raison pour elle de divorcer (aux torts de qui?), mais elle préférait ne pas abandonner son mari dans cet état.

Au petit bistrot où nous allâmes tous déjeuner (sans les Bœuf, bien sûr), nous apprîmes que plusieurs rhinocéros avaient été signalés dans différents coins de la ville : sept selon les uns; dix-sept selon les autres; trente-deux selon d'autres encore. Devant tous ces témoignages, Botard ne pouvait plus nier l'évidence rhinocérique. Mais il savait, affirmait-il, à quoi s'en tenir. Il nous l'expliquerait un jour. Il connaissait le « pourquoi » des choses, les « dessous » de l'histoire, les « noms » des responsables, le but et la signification de cette provocation. Il n'était pas question de retourner au bureau l'après-midi, tant pis pour les affaires. Il fallait attendre qu'on réparât l'escalier.

J'en profitai pour rendre visite à Jean, dans l'intention de me réconcilier avec lui. Il était couché.

- Je ne me sens pas très bien! dit-il.

- Vous savez, Jean, nous avions raison tous les deux. Il y a dans la ville des rhinocéros à deux cornes aussi bien que des rhinocéros à une corne. D'où viennent les uns, d'où viennent les autres, cela importe peu au fond. Ce qui compte à mes yeux, c'est l'existence du rhinocéros en soi.

- Je ne me sens pas très bien, répétait mon ami, sans m'écouter, je ne me sens pas très bien!

- Qu'avez-vous donc? Je suis désolé!

- Un peu de fièvre. Des migraines.

C'était le front plus précisément qui lui faisait mal. Il

devait, disait-il, s'être cogné. Il avait une bosse en effet qui pointait juste au-dessus du nez. Son teint était verdâtre. Il était enroué.

– Avez-vous mal à la gorge? C'est peut-être une angine.

Je pris son pouls. Il battait à un rythme régulier.

– Ce n'est certainement pas très grave. Quelques jours de repos et ce sera fini. Avez-vous fait venir le médecin?

Avant de lâcher son poignet, je m'aperçus que ses veines étaient toutes gonflées, saillantes. Observant de plus près, je remarquai que non seulement les veines étaient grossies mais que la peau tout autour changeait de couleur à vue d'œil et durcissait.

« C'est peut-être plus grave que je ne croyais », pensai-je.

– Il faut appeler le médecin, fis-je à voix haute.

– Je me sentais mal à l'aise dans mes vêtements, maintenant mon pyjama aussi me gêne, dit-il d'une voix rauque.

– Qu'est-ce qu'elle a, votre peau? On dirait du cuir... Puis, le regardant fixement : Savez-vous ce qui est arrivé à Bœuf? Il est devenu rhinocéros.

– Et alors? Ce n'est pas si mal que cela! Après tout, les rhinocéros sont des créatures comme nous, qui ont droit à la vie au même titre que nous...

– A condition qu'elles ne détruisent pas la nôtre. Vous rendez-vous compte de la différence de mentalité?

– Pensez-vous que la nôtre soit préférable?

– Tout de même, nous avons notre morale à nous que je juge incompatible avec celle de ces animaux. Nous avons une philosophie, un système de valeurs irremplaçables...

– L'humanisme est périmé! Vous êtes un vieux sentimental ridicule. Vous me racontez des bêtises.

– Je suis étonné de vous entendre dire cela, mon cher Jean! Perdez-vous la tête?

Il semblait vraiment la perdre. Une fureur aveugle avait défiguré son visage, transformé sa voix à tel point que je comprenais à peine les mots qui sortaient de sa bouche.

– De telles affirmations venant de votre part..., voulus-je continuer.

Il ne m'en laissa pas le loisir. Il rejeta ses couvertures, arracha son pyjama, se leva sur son lit, entièrement nu (lui, lui, si pudique d'habitude!), vert de colère des pieds à la tête.

La bosse de son front s'était allongée; son regard était

fixe, il ne semblait plus me voir. Ou plutôt si, il me voyait très bien car il fonça vers moi, tête baissée. J'eus à peine le temps de faire un saut de côté, autrement il m'aurait cloué au mur.

– Vous êtes rhinocéros! criai-je.

– Je te piétinerai! Je te piétinerai! pus-je encore comprendre en me précipitant vers la porte.

Je descendis les étages quatre à quatre, tandis que les murs s'ébranlaient sous ses coups de corne et que je l'entendais pousser d'effroyables barrissements rageurs.

– Appelez la police! Appelez la police! Vous avez un rhinocéros dans l'immeuble! criai-je aux locataires de la maison qui, tout étonnés, entrouvraient, sur les paliers, les portes de leurs appartements, à mon passage.

J'eus beaucoup de peine à éviter au rez-de-chaussée le rhinocéros qui, sortant de la loge de la concierge, voulait me charger, avant de me trouver enfin dans la rue, en sueur, les jambes molles, à bout de forces.

Heureusement, un banc était là, au bord du trottoir, sur lequel je m'assis. A peine eus-je le temps de reprendre tant bien que mal mon souffle : je vis un troupeau de rhinocéros qui dévalaient l'avenue en pente, s'approchant à toute allure de l'endroit où je me trouvais. Si encore ils s'étaient contentés du milieu de la rue! Mais non, ils étaient si nombreux qu'ils n'avaient pas assez de place pour s'y maintenir et débordaient sur le trottoir. Je sautai de mon banc, m'aplatis contre un mur : soufflant, barrissant, sentant le fauve en chaleur et le cuir, ils me frôlèrent, m'enveloppèrent dans un nuage de poussière. Quand ils eurent disparu, je ne pus me rasseoir sur le banc : les fauves l'avaient démoli, et il gisait, en morceaux, sur le pavé.

J'eus du mal à me remettre de ces émotions. Je dus rester quelques jours à la maison. Je recevais les visites de Daisy qui me tenait au courant des mutations qui se produisaient.

C'est le chef de bureau qui, le premier, était devenu rhinocéros, à la grande indignation de Botard qui, cependant, devint lui-même rhinocéros vingt-quatre heures plus tard.

- Il faut suivre son temps! furent ses dernières paroles humaines.

Le cas de Botard ne m'étonnait guère, malgré sa fermeté apparente. Je comprenais moins facilement le changement du chef. Bien sûr, chez lui, la transformation était peut-être involontaire, mais on pouvait penser qu'il aurait eu la force de mieux résister.

Daisy se souvint qu'elle lui avait fait remarquer qu'il avait les paumes des mains rugueuses le jour même de l'apparition de Bœuf en rhinocéros. Ceci avait dû beaucoup l'impressionner, il ne l'avait pas fait voir mais il avait certainement été touché en profondeur.

- Si j'avais été moins brutale, si je lui avais fait remarquer cela avec plus de ménagements, la chose ne serait peut-être pas advenue.

- Je me reproche moi aussi de ne pas avoir été plus doux avec Jean. J'aurais dû lui montrer plus d'amitié, être plus compréhensif, dis-je à mon tour.

Daisy m'apprit que Dudard aussi avait changé, ainsi qu'un cousin à elle que je ne connaissais pas. D'autres personnes encore, des amis communs, des inconnus.

- Ils sont nombreux, fit-elle, peut-être un quart des habitants de la ville.

- Ils sont tout de même encore en minorité.

- Du train où vont les choses, cela ne va pas durer longtemps! soupira-t-elle.

- Hélas! Et ils sont tellement plus efficaces.

Les troupeaux de rhinocéros parcourant les rues à toute vitesse devinrent une chose dont plus personne ne s'étonnait. Les gens s'écartaient sur leur passage puis reprenaient leur promenade, vaquaient à leurs affaires, comme si de rien n'était.

- Comment peut-on être rhinocéros! C'est impensable! avais-je beau m'écrier.

Il en sortait des cours, il en sortait des maisons, par les fenêtres aussi, qui allaient rejoindre les autres.

A un moment donné, les autorités voulurent les parquer dans de vastes enclos. Pour des raisons humanitaires, la Société Protectrice des Animaux s'y opposa. D'autre part, chacun avait parmi les rhinocéros un parent proche, un ami, ce qui, pour des raisons faciles à comprendre, rendait à peu près impossible la mise en pratique du projet. On l'abandonna.

La situation s'aggrava, ce qui était à prévoir. Un jour, tout un régiment de rhinocéros, après avoir fait s'écrouler les murs de la caserne, en sortit, tambours en tête et se déversa sur les boulevards.

Au ministère de la statistique, les statisticiens statistiquaient : recensement des animaux, calcul approximatif de l'accroissement quotidien de leur nombre, tant pour cent d'unicornes, tant de bicornus... Quelle occasion de savantes controverses! Il y eut bientôt des défections parmi les statisticiens eux-mêmes. Les rares qui restaient furent payés à prix d'or.

Un jour, de mon balcon, j'aperçus, barrissant et fonçant à la rencontre de ses camarades sans doute, un rhinocéros portant un canotier empalé sur sa corne.

– Le logicien! m'écriai-je. Lui aussi, comment est-ce possible?

Juste à cet instant Daisy ouvrit la porte.

– Le logicien est rhinocéros! lui dis-je.

Elle le savait. Elle venait de l'apercevoir dans la rue. Elle apportait un panier de provisions.

– Voulez-vous que nous déjeunions ensemble? proposat-elle. Vous savez, j'ai eu du mal à trouver de quoi manger. Les magasins sont ravagés : ils dévorent tout. Une quantité d'autres boutiques sont fermées « pour cause de transformation », est-il dit sur les écriteaux.

– Je vous aime, Daisy, ne me quittez plus.

– Ferme la fenêtre, chéri. Ils font trop de bruit. Et la poussière monte jusqu'ici.

– Tant que nous sommes ensemble, je ne crains rien, tout m'est égal. Puis, après avoir fermé la fenêtre : Je croyais que je n'allais plus pouvoir tomber amoureux d'une femme.

Je la serrai dans mes bras très fort. Elle répondit à mon étreinte.

– Comme je voudrais vous rendre heureuse! Pouvez-vous l'être avec moi?

– Pourquoi pas? Vous affirmez ne rien craindre et vous avez peur de tout! Que peut-il nous arriver?

– Mon amour, ma joie! balbutiai-je en baisant ses lèvres avec une passion que je ne me connaissais plus, intense, douloureuse.

La sonnerie du téléphone nous interrompit.

Elle se dégagea de mon étreinte, alla vers l'appareil, décrocha, poussa un cri :

– Écoute...

Je mis le récepteur à l'oreille. Des barrissements sauvages se faisaient entendre.

– Ils nous font des farces maintenant!

– Que peut-il bien se passer? s'effraya-t-elle.

Nous fîmes marcher le poste de T.S.F. pour connaître les nouvelles : ce furent des barrissements encore. Elle tremblait.

– Du calme, dis-je, du calme!

Épouvantée, elle s'écria :

– Ils ont occupé les installations de la Radio!

– Du calme! Du calme! répétais-je, de plus en plus agité.

Le lendemain dans la rue, cela courait en tout sens. On pouvait regarder des heures : on ne risquait pas d'y apercevoir un seul être humain. Notre maison tremblait sous les sabots des périssodactyles, nos voisins.

– Advienne que pourra, dit Daisy. Que veux-tu qu'on y fasse?

– Ils sont tous devenus fous. Le monde est malade.

– Ce n'est pas nous qui le guérirons.

– On ne pourra plus s'entendre avec personne. Tu les comprends, toi?

– Nous devrions essayer d'interpréter leur psychologie, d'apprendre leur langage.

– Ils n'ont pas de langage.

– Qu'est-ce que tu en sais?

– Écoute, Daisy, nous aurons des enfants, nos enfants en auront d'autres, cela mettra du temps, mais à nous deux, nous pourrons régénérer l'humanité. Avec un peu de courage...

– Je ne veux pas avoir d'enfants.

– Comment veux-tu sauver le monde, alors?

– Après tout, c'est peut-être nous qui avons besoin d'être sauvés. C'est nous peut-être les anormaux. En vois-tu d'autres de notre espèce?

– Daisy, je ne veux pas t'entendre dire cela!

Je la regardai désespérément.

– C'est nous qui avons raison, Daisy, je t'assure.

- Quelle prétention! Il n'y a pas de raison absolue. C'est le monde qui a raison, ce n'est pas toi ni moi.

- Si, Daisy, j'ai raison. La preuve, c'est que tu me comprends et que je t'aime autant qu'un homme puisse aimer une femme.

- J'en ai un peu honte de ce que tu appelles l'amour, cette chose morbide... Cela ne peut se comparer avec l'énergie extraordinaire que dégagent tous ces êtres qui nous entourent.

- De l'énergie? En voilà de l'énergie! fis-je, à bout d'argument en lui donnant une gifle.

Puis tandis qu'elle pleurait :

- Je n'abdiquerai pas, moi, je n'abdiquerai pas.

Elle se leva, en larmes, entoura mon cou de ses bras parfumés :

- Je résisterai, avec toi, jusqu'au bout.

Elle ne put tenir parole. Elle devint toute triste, dépérissait à vue d'œil. Un matin, en me réveillant, je vis sa place vide dans le lit. Elle m'avait quitté sans me laisser un mot.

La situation devint pour moi littéralement intenable. C'était ma faute si Daisy était partie. Qui sait ce qu'elle était devenue? Encore quelqu'un sur la conscience. Il n'y avait personne à pouvoir m'aider à la retrouver. J'imaginai le pire, me sentis responsable.

Et de partout leurs barrissements, leurs courses éperdues, les nuages de poussière. J'avais beau m'enfermer chez moi, me mettre du coton dans les oreilles : je les voyais, la nuit, en rêve.

- Il n'y a pas d'autre solution que de les convaincre. Mais à quoi? Les mutations étaient-elles réversibles? Et pour les convaincre il fallait leur parler. Pour qu'ils réapprennent ma langue (que je commençais d'ailleurs à oublier) il fallait d'abord que j'apprenne la leur. Je ne distinguai pas un barrissement d'un autre, un rhinocéros d'un autre rhinocéros.

Un jour, en me regardant dans la glace, je me trouvai laid avec ma longue figure : il m'eût fallu une corne, sinon deux, pour rehausser mes traits tombants.

Et si, comme me l'avait dit Daisy, c'était eux qui avaient raison? J'étais en retard, j'avais perdu pied, c'était évident.

Je découvris que leurs barrissements avaient tout de même un certain charme, un peu âpre certes. J'aurais dû m'en apercevoir quand il était temps. J'essayai de barrir :

que c'était faible, comme cela manquait de vigueur! Quand je faisais un effort plus grand, je ne parvenais qu'à hurler. Les hurlements ne sont pas des barrissements.

Il est évident qu'il ne faut pas se mettre toujours à la remorque des événements et qu'il est bien de conserver son originalité. Il faut aussi cependant faire la part des choses; se différencier, oui, mais... parmi ses semblables. Je ne ressemblais plus à personne, ni à rien, sauf à de vieilles photos démodées qui n'avaient plus de rapport avec les vivants.

Tous les matins je regardais mes mains dans l'espoir que les paumes se seraient durcies pendant mon sommeil. La peau demeurait flasque. Je contemplais mon corps trop blanc, mes jambes poilues : ah, avoir une peau dure et cette magnifique couleur d'un vert sombre, une nudité décente, comme eux, sans poils!

J'avais une conscience de plus en plus mauvaise, malheureuse. Je me sentais un monstre. Hélas, jamais je ne deviendrais rhinocéros : je ne pouvais plus changer.

Je n'osais plus me regarder. J'avais honte. Et pourtant, je ne pouvais pas, non, je ne pouvais pas.

EUGÈNE IONESCO.

Index des thèmes

COLLECTION PROFIL

- **PROFIL SCIENCES HUMAINES**

*Présentation d'un livre fondamental
(économie, sociologie, psychanalyse, etc.)*

- **PROFIL FORMATION**

Expression écrite et orale

Le français aux examens

Bonnes copies de bac

*Authentiques copies d'élèves,
suivies chacune d'un commentaire*

La philosophie au bac

*Toutes les notions du programme
de terminale*

Des textes pour l'oral du baccalauréat

- **PROFIL DOSSIER
PROFIL SOCIÉTÉ
PROFIL ACTUALITÉ**

De nombreux autres titres
(au catalogue de la collection Profil).

Imprimé en France, par l'Imprimerie Hérissey, 27000 Évreux
Dépôt légal : 9049 — Janvier 1986 — N° d'impression : 38886